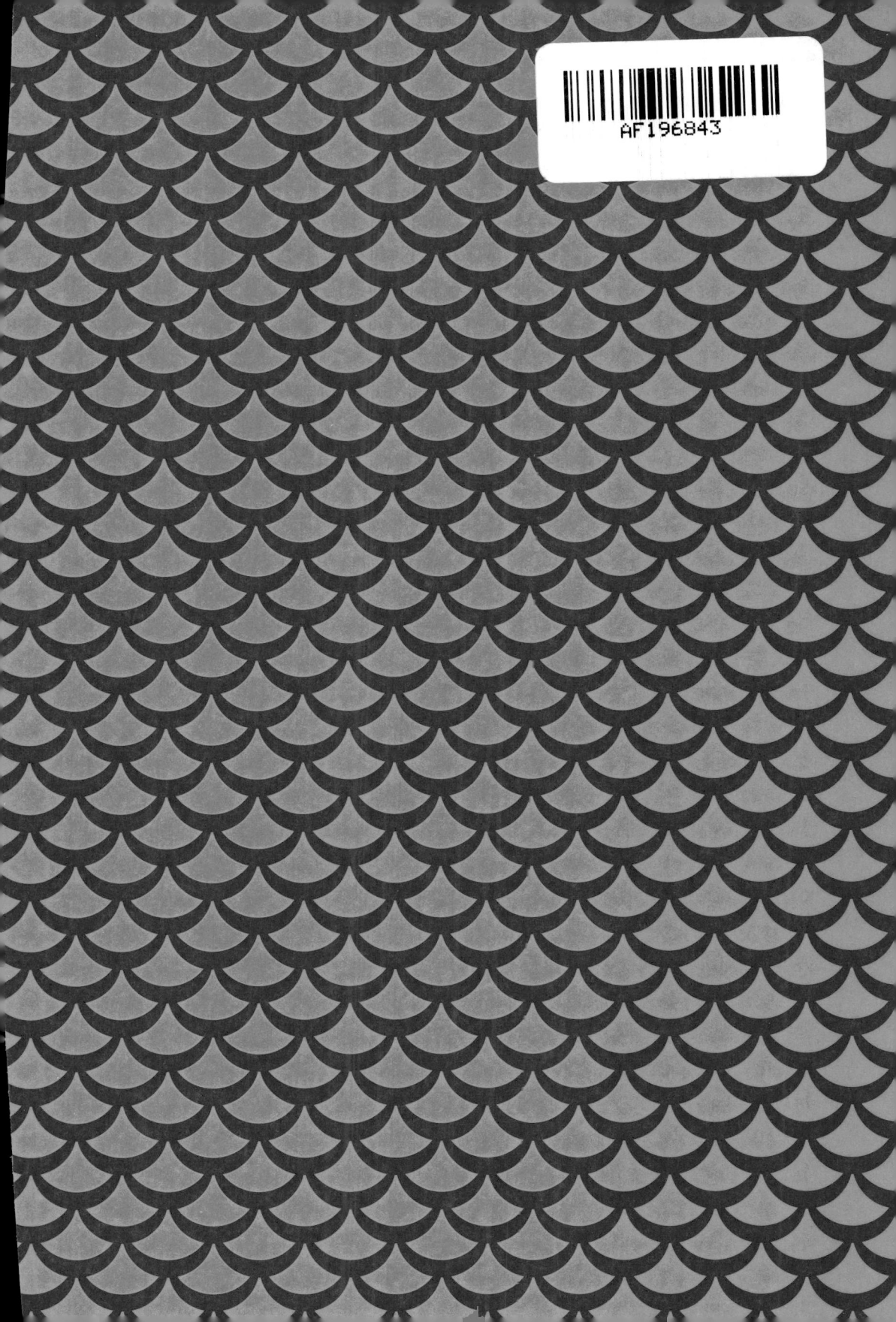

HAUTE
RACLETTE

DIE KUNST DES RACLETTES IN 52 REZEPTEN ZUM DAHINSCHMELZEN

JENNIFER & ARNAUD FAVRE
PIERRE CREPAUD | DORIAN ROLLIN

HAUTE RACLETTE

DIE KUNST DES RACLETTES IN 52 REZEPTEN ZUM DAHINSCHMELZEN

Aus dem Französischen von Bianka Kraus

INHALT

DIE REZEPTE

RACLETTE AUS DER KÜCHE 97

PIERRE CREPAUD DER GRÜNE STERNEKOCH 131

WIE EIN CHEFKOCH! REZEPTE VON PIERRE CREPAUD 133

WAS BEDEUTET RACLETTE FÜR EUCH? 156

DANKSAGUNG 159

Von links nach rechts:
Pierre Crepaud, Jennifer Favre, Arnaud Favre.

AN DIE LESERINNEN UND LESER

RACLETTE IM GESCHMACK DER ZEIT – ZWISCHEN TRADITION UND INNOVATION

Nach dem Erfolg unseres ersten Buches *Haute Fondue – Die Kunst des Fondues in 52 köstlichen Rezepten*, erschienen 2018 im Verlag Helvetiq, sind wir zurück mit einem Werk, das sich ganz dem Raclette widmet! Käseliebhaber finden auf den folgenden Seiten eine Menge Tipps und kreative Ideen, wie man dieses Schweizer Nationalgericht mit völlig neuen Geschmacksrichtungen neu entdeckt. Köstlich schmeckend und spielerisch zubereitet bietet das Raclette aussergewöhnliche kulinarische Möglichkeiten und wird bei jedem Fest eine Gaumenfreude sein. Unser Ziel? Dem schmelzenden Käse einen Hauch Originalität und Moderne verleihen, ohne dieses von Gross und Klein so geliebte Gericht zu verfälschen.

Raclette schmeckt das ganze Jahr über: Im Winter in Berghütten, wenn es draussen kräftig schneit. Im Frühjahr auf der Terrasse oder dem Balkon, wenn die ersten Sonnenstrahlen zu sehen sind. An langen und lauen Sommerabenden und im Herbst, wenn man sich nach einem Waldspaziergang im raschelnden Laub aufwärmen will. Jede Jahreszeit eignet sich dafür, den Käse schmelzen zu lassen und sich um dieses stärkende und gesellige Gericht zu versammeln. Egal ob zu Hause mit dem Raclettegrill oder im Freien mit einem mit Teelichtern oder Gasbrenner betriebenen Gerät oder vollkommen ohne Geräte direkt am Holzfeuer zubereitet: Das Raclette wird euch dahinschmelzen lassen …

Wir wollten das Raclette ganz bewusst in den Mittelpunkt stellen – nicht nur auf unseren Tellern. Deswegen haben wir für dieses zweite Werk einen bedeutenden Gast mit ins Boot geholt: Pierre Crepaud. Pierre hat 17 Punkte im *Gault & Millau* und 1 Stern beim *Guide Michelin*. Der aus Frankreich stammende Chefkoch lebt schon sein halbes Leben in Crans-Montana im Wallis. Zusammen mit seiner Frau Delphine Gillioz stellte er sich der Herausforderung und eröffnete 2021 das kleine Restaurant *La Guérite 1814* mitten im Weinbaugebiet Corbassière über Saillon. Hier kommen nur saisonale Speisen auf den Tisch. Das Paar bietet auch ein breites Sortiment an selbstgemachten Feinkostspezialitäten und Produkten von *The Alpinist Collection* an. Unsere Wege kreuzten sich zufällig, und aus zahlreichen Gerichten, die wir zusammen kreierten und teilten, entstand eine echte Freundschaft.

Aber jetzt seid ihr dran: Wir haben uns für euch 52 neue Rezepte ausgedacht. Lasst euch von diesem einfachen, traditionellen und köstlichen Gericht – dem Raclette – überraschen. 52 Rezepte, eins pro Woche. Denn eine Woche ohne Raclette ist eine verlorene Woche. Guten Appetit!

Jennifer und Arnaud Favre

PS: Alle Rezepte sind für 2 Personen. Aber scheut euch nicht, mehr Leute einzuladen – und denkt daran: je knuspriger die Kruste ist, desto perfekter wird das Fest!

EIN SCHWEIZER NATIONALGERICHT

Wallis und Käse – das ist eine lange Liebesgeschichte: Käse ist aus der Walliser Tradition und Region einfach nicht mehr wegzudenken. Die Käseherstellung in dieser Gegend reicht bis ins 4. Jahrhundert v. Chr. zurück. Bereits im Römischen Reich war der Käse ein geschätztes und beliebtes Nahrungsmittel. Ab dem 14. Jahrhundert wurde er sogar als Zahlungsmittel eingesetzt und zählte in Alpentälern zu den Grundnahrungsmitteln. Die besondere Eigenschaft der Schmelzfähigkeit des Käses (*Käseschmelzen*) wurde auch schriftlich festgehalten. Die ältesten noch erhaltenen Dokumente gehen auf das Jahr 1574 zurück (das Wissen darüber reicht jedoch höchstwahrscheinlich noch weiter zurück).

Aber seit wann spricht man eigentlich von »Raclette«? Anfangs hatte diese Art der Käsezubereitung noch keinen entsprechenden Namen. Im Mittelalter war es ausschliesslich eine Bauernmahlzeit, die die Hirten, die den Sommer auf der Alp verbrachten, zubereiteten. Nach langen und anstrengenden Arbeitstagen baute diese währschafte Speise einen wieder auf. Es diente aber auch als Festtagsmenü beim Alpabtrieb oder bei besonderen Anlässen. Eine Geschichte besagt, dass ein Hirte als Erster diese köstliche Entdeckung gemacht hat: Er hatte versehentlich einen halben Käselaib zu nah ans Feuer gelegt, der daraufhin schmolz. Der Hirte schabte die obere Käseschicht dann einfach ab, und der geschmolzene Käse schmeckte ihm gut. Einer anderen Legende zufolge hatte ein Walliser Winzer an einem kühlen, nebeligen Tag in den Weinbergen ein Feuer gemacht, um sich aufzuwärmen, und den Käse über den Flammen schmelzen lassen. Es wird sogar behauptet, dass Wilhelm Tell kurz vor seinem berühmten Apfelschuss einen geschmolzenen Käse verzehrt hatte … ein durch und durch Schweizer Gericht. Daran besteht kein Zweifel!

Es dauerte jedoch bis Anfang des 20. Jahrhunderts, bis diese Art des Käseverzehrs, die heutzutage über die Landesgrenzen hinaus bekannt ist, nicht mehr nur Bergbewohnern vorbehalten war und sich auch im Flachland verbreitete. Die Bezeichnung Raclette leitet sich vom Walliser Dialektwort *raclà* ab und bedeutet *schaben*. Sie wurde 1909 bei der Walliser kantonalen Ausstellung zum ersten Mal erwähnt.

Welchen Ursprung dieses Gericht auch immer hat: Diese Jahreszahl kennzeichnet eindeutig die offizielle Namensgebung des Raclettes. Das Lied mit dem Titel *La Râclette* wurde im Übrigen zu diesem Anlass von Marguerite und Oscar Perrollaz komponiert, die eine Lobrede auf diese traditionelle kulinarische Spezialität hielten: »Blondes, tropfendes Raclette unter den Feuerfunken: Wenn es schmilzt, streichen wir es ab und lassen es langsam auf unsere Teller tropfen« (freie Übersetzung). Ein paar Jahre später würdigte auch Joseph Bovet dieses »wunderbare, himmlisch schmeckende Gericht« in seinem Lied *La raclette valaisanne.*

Und mit der Erfindung eines Raclettegeräts mit sechs einzelnen Pfännchen wurde diese aussergewöhnliche Speise ab 1978 überall bekannt. Der Raclettegrill *(raclonette)* war geboren und hielt Einzug in sämtlichen Haushalten.

Das Raclette steht auf der *Liste der lebendigen Traditionen in der Schweiz,* die vom Bundesamt für Kultur erstellt wird, und ist heutzutage eine gesellschaftliche Gepflogenheit mit grosser symbolischer Bedeutung, da es ein Synonym für Feierlichkeiten ist. Und das Ritual, das mit dem Raclette einhergeht – bei dem die Gäste gleichzeitig essen sollen, je weiter der Käse schmilzt –, fördert auch den Austausch und die Geselligkeit am Tisch.

Und schliesslich steht das Raclette vor allem auch für ein gutes, schönes Leben und Authentizität!

WAS MAN ÜBER KÄSE WISSEN SOLLTE

Der Walliser Raclettekäse ist seit 2007 im Bundesregister der geschützten Ursprungsbezeichnung (AOP) verzeichnet. Seit 2011 wird er auch von der Europäischen Union geschützt. Dieses Siegel setzt sehr strenge Kriterien und garantiert die Herkunft, den Herstellungsprozess und die Qualität dieses reinen Walliser Produkts. In der Schweiz gibt es aber noch viele weitere Produkte mit dem AOP- oder IGP-Gütezeichen (geschützte geografische Angabe). Vor allem Spirituosen, Brot, Fleisch sowie Obst und Gemüse – Grund genug, um noch mehr Möglichkeiten zu eröffnen: am Tisch und in der Küche!

Der Walliser Raclette ist ein vollfetter Halbhartkäse, der bis heute auf traditionelle Weise in Käsereien aus Rohmilch hergestellt wird. Traditionsgemäss wird der Käse in Kupferkesseln hergestellt und danach mindestens drei Monate auf einem Brett aus unbehandeltem Fichtenholz gelagert: Das ist die Reifungsphase. Der Walliser Raclettekäse ist besonders reich an Proteinen, Magnesium und Calcium sowie den Vitaminen A, B und K2 und enthält auch viele Omega-3-Fettsäuren. Wenn er reif ist, enthält er von Natur aus keine Laktose mehr. Was braucht man mehr für einen Racletteabend mit Freunden?

Dank zahlreicher Alpen und Weiden können Geniesser viele verschiedene Geschmacksrichtungen probieren. Die Kühe ernähren sich von der Bergflora, und diese verströmt pflanzliche und fruchtige Duftnoten, die von Tal zu Tal unterschiedlich sind. Wie bereits bei den Fonduerezepten empfehlen wir euch, zum örtlichen Käsehändler zu gehen: Er hat das nötige Wissen und Know-how und kann euch sicherlich neue Käsesorten oder regionale Spezialitäten verkosten lassen.

Lasst eurer Fantasie jedenfalls freien Lauf und probiert auch einmal etwas ungewöhnlichere Käsesorten – cremiger, milder, kräftiger oder pikanter – oder lasst euch von Ziegen- oder Schafskäse verführen ... oder sogar Blauschimmelkäse! Fällt euch die Wahl schwer? Dann entscheidet euch für einen Mix aus verschiedenen Käsesorten: So ist für jeden etwas dabei!

Bei der Menge empfehlen wir euch 200–250 g pro Person. Beilagen und Garnierungen ergänzen das Gericht. Ihr werdet sicherlich nicht verhungern! Und bitte denkt daran, dass das Raclette warm gegessen wird! Wartet also nicht, bis alle Gäste etwas auf dem Teller haben.

Und damit ihr eure Glaubwürdigkeit nicht verliert, gibt es zum Schluss noch eine Begriffserklärung: Als *Raclette* wird sowohl das Gericht als auch die Käsesorte bezeichnet.

WAS MAN ÜBER KARTOFFELN UND BEILAGEN WISSEN SOLLTE

KARTOFFELN

Für ein «natürliches» Raclette (ohne Beilagen) empfehlen wir ca. 200–250 g Kartoffeln pro Person. Mit Beilagen (wie in diesem Buch) sollten weniger Kartoffeln verwendet werden. Ausserdem sollten sie vorgekocht sein: Dann müsst ihr sie nur noch in einem Kartoffelkorb oder auf einer hitzebeständigen Platte warm halten. Diese könnt ihr auch auf die Grillplatte des Raclettegrills stellen.

Damit die Kartoffeln nicht schon bei der ersten Berührung auseinanderfallen, solltet ihr zu festkochenden greifen: Diese lassen sich leicht schneiden und behalten dabei ihre feste Konsistenz. Und je dünner die Schale ist, desto besser: Ihr könnt die Kartoffeln nach dem Kochen dann einfach mit der Schale essen und müsst sie nicht noch abschälen. Ausserdem ist die Schale eisen- und ballaststoffreich, tatsächlich verzehrbar und enthält weitere wichtige Nährstoffe. Die Kartoffelsorten Amandine, Annabelle, Bintje und Charlotte eignen sich als Pellkartoffeln bzw. Gschwellti und sind deswegen für das nächste Raclette wie geschaffen.

Pierre Crepaud verrät euch seine Lieblingskartoffel: »Wenn ihr sie noch nicht kennt, müsst ihr die Roseval unbedingt einmal probieren. Sie hat einen sehr feinen, cremigen und leicht süsslichen Geschmack. Und mit ihrer schönen, rötlichen Schale peppt sie jedes Raclette auf!«

Für ein Grillaroma wickelt ihr die Kartoffeln in Aluminiumfolie ein und gart sie im Backofen bei 180 °C. Je nach Kartoffelgrösse und -sorte beträgt die Garzeit 45–60 Minuten. Danach werden laut Pierre Crepaud die Kartoffeln mit etwas Trüffelöl beträufelt – dann sehen sie aus wie im Restaurant – (s. Seite 135) oder mit Chimichurri-Sauce (aus Petersilie, Oregano, Frühlingszwiebel, roter Chilischote, Essig und Olivenöl, s. Seite 137) verfeinert – das verleiht ihnen einen frischen und peppigen Geschmack.

EIN PAAR IDEEN
FÜR BEILAGEN

Bei der Zubereitung von Beilagen kommt
es auf die Fantasie an! Traditionsgemäss
dürfen Gewürzgurken und Silberzwiebeln
nicht fehlen. Pfeffer aus der Mühle ist
ebenfalls ein absolutes Muss sowie
verschiedene Gewürze und Kräuter.
Ihr könnt euch aber auch an neue
Geschmacksrichtungen wagen: Mit den
Rezepten in diesem Buch zaubert ihr eine
Prise Verrücktheit auf den Teller!

Um das Raclette etwas moderner
zu gestalten, eignet sich auch rohes
Gemüse als Beilage, z. B. eingelegte
Maiskölbchen. Den Liebhabern eines
klassischen Raclettes empfiehlt
Pierre Crepaud Essigzwiebeln oder
Kapern. Nussmischungen, ein scharfer,
grobkörniger Senf, Zwiebelconfit
mit Wiesenkümmel oder süsssauer
eingelegte Zucchetti ergänzen das
Raclette jedoch auch wunderbar.
Liebhaber von Süssem und Salzigem
können sich auch von Feigen- oder
Quittenkonfitüre verführen lassen.

WAS TRINKT MAN ZUM RACLETTE?

Das Getränk, das am besten zum Raclette passt, ist zweifelsohne der Weisswein! Wir empfehlen euch den Chasselas (in Deutschland *Gutedel*, im Wallis *Fendant* genannt). Dieser Wein ist typisch für die Schweiz und hat eine trockene, leichte und fruchtige Note. Liebhaber fruchtiger, samtiger und runder Weine werden die Rebsorte Silvaner (im Wallis *Johannisberg*) lieben. Ihr könnt euren Gaumen aber auch mit einem Arvine, Heida oder Malvasier erfreuen. Allerdings solltet ihr von Weinen die Finger lassen, die in Eichenfässern gereift sind: Sie sind entweder zu säuerlich oder zu lieblich. Perfekt wäre es, wenn ihr den Wein vorher kosten könntet: So findet ihr den Wein, der am besten zu eurem Raclette passt. Wenn ihr euren Magen schonen wollt, sollte der Weisswein nicht zu kühl sein. Mit Mass getrunken, fördert er dank der enthaltenen Säure sogar die Verdauung.

Wie sieht es mit Rotwein aus? Überrascht eure Gäste mit einem leichten und fruchtigen Rotwein, z. B. Gamay. Wie der Pinot noir eignet sich auch diese Rebsorte perfekt zu Käsegerichten. Ihr solltet aber keinen zu tanninhaltigen Wein wählen, denn dieser harmoniert nicht mit dem Geschmack des geschmolzenen Käses.

Ihr trinkt lieber Bier? Dann greift zu! Bier und Käse haben so einiges gemeinsam: Sie zählen zu den ältesten Lebensmitteln der Menschheitsgeschichte, die durch Gärung gewonnen werden. Ein süsses, feinwürziges und fruchtiges Helles passt perfekt zum Raclette. Ein Dunkelbier verleiht dem Käse eine Caramelnote. Unser Tipp: Je kräftiger der Käse ist, desto kräftiger sollte auch das Bier sein.

Branntweine unterstützen zwar nicht die Verdauung, aber ein langsam getrunkener Kräuterschnaps schadet auch nicht. Verdauungsfördernd wirken stattdessen alkoholfreie Getränke mit Anis, Pfefferminze, Enzian oder Chinarinde, aber auch der Artischocken-Bitter.

Selbstverständlich schmecken auch andere alkoholfreie Getränke – ein Fruchtsaft, schwarzer Tee oder Kräutertee – sehr gut zum Raclette.

TIPPS FÜR EIN GELUNGENES RACLETTE

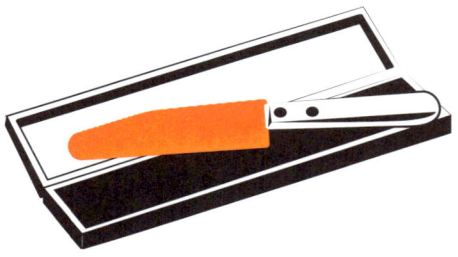

RACLETTEMESSER

Das Messer ist ein unverzichtbares Zubehör beim klassischen Raclette. Seine Klinge hat zwei Funktionen: Mit der glatten Seite wird der Käse abgestrichen und mit der gezackten Seite wird die Rinde abgeschnitten.

SCHÜRZE

Zum Schutz vor möglichen Ölspritzern ist eine Schürze aus festem Stoff sehr empfehlenswert. Noch dazu kann man sich an ihr nach jedem Raclette die Hände abwischen.

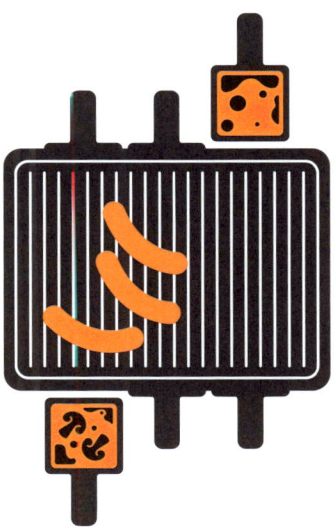

HOLZOFEN-RACLETTE

Zunächst braucht man einen idyllischen Ort. Dann macht man ein Holzfeuer (am besten mit Lärchenholz) und sucht sich einen ebenen Untergrund, z. B. einen Stein oder ein stabiles Brett. Dann legt man den Käse nah am Feuer flach hin und dreht ihn immer wieder um, damit er gleichmässig schmilzt. Beim klassischen Raclette wird der Käse nach und nach abgestrichen – entweder auf einen Teller oder direkt aufs Brot, wie es in Évolène (Eringertal) der Brauch ist, der dort als *Roushia* bezeichnet wird.

RACLETTEGRILL

Zu Hause kann man einen Raclettegrill verwenden – ein familientaugliches Haushaltsgerät mit einzelnen Pfännchen. Wir empfehlen ein Multifunktionsgerät mit einer Grillplatte auf der Oberseite, auf der man Wurst, Gemüse etc. garen kann. Der Raclettegrill funktioniert wie folgt: Man legt eine Scheibe Käse in ein Pfännchen und schiebt dieses unter das Heizelement. Wenn der Käse geschmolzen ist, wird er mit einer Spachtel auf den Teller geschabt. Wenn man unterwegs ist, eignet sich ein leichtes, mobiles Gerät, das mit Teelichtern oder einem Pasten- oder Gasbrenner betrieben wird und mit einem Windschutz ausgestattet ist.

ELEKTRO- ODER GASRACLETTEOFEN

Der halbe Käselaib wird in der Käsehalterung befestigt – er darf jedoch nicht zu nah an der Heizquelle sein (als Orientierung dient die Breite eines Raclettemessers, d. h. 3–4 cm). Wenn die obere Käseschicht geschmolzen ist, nimmt man den halben Käselaib heraus und hält ihn mit der einen Hand in einem 45°-Winkel über den Teller. Mit der anderen Hand schabt man mit dem Raclettemesser den geschmolzenen Käse von unten nach oben ab (ca. 10 cm). Dann wird der halbe Käselaib in einem Zug von oben nach unten ohne grossen Druck abgestrichen..

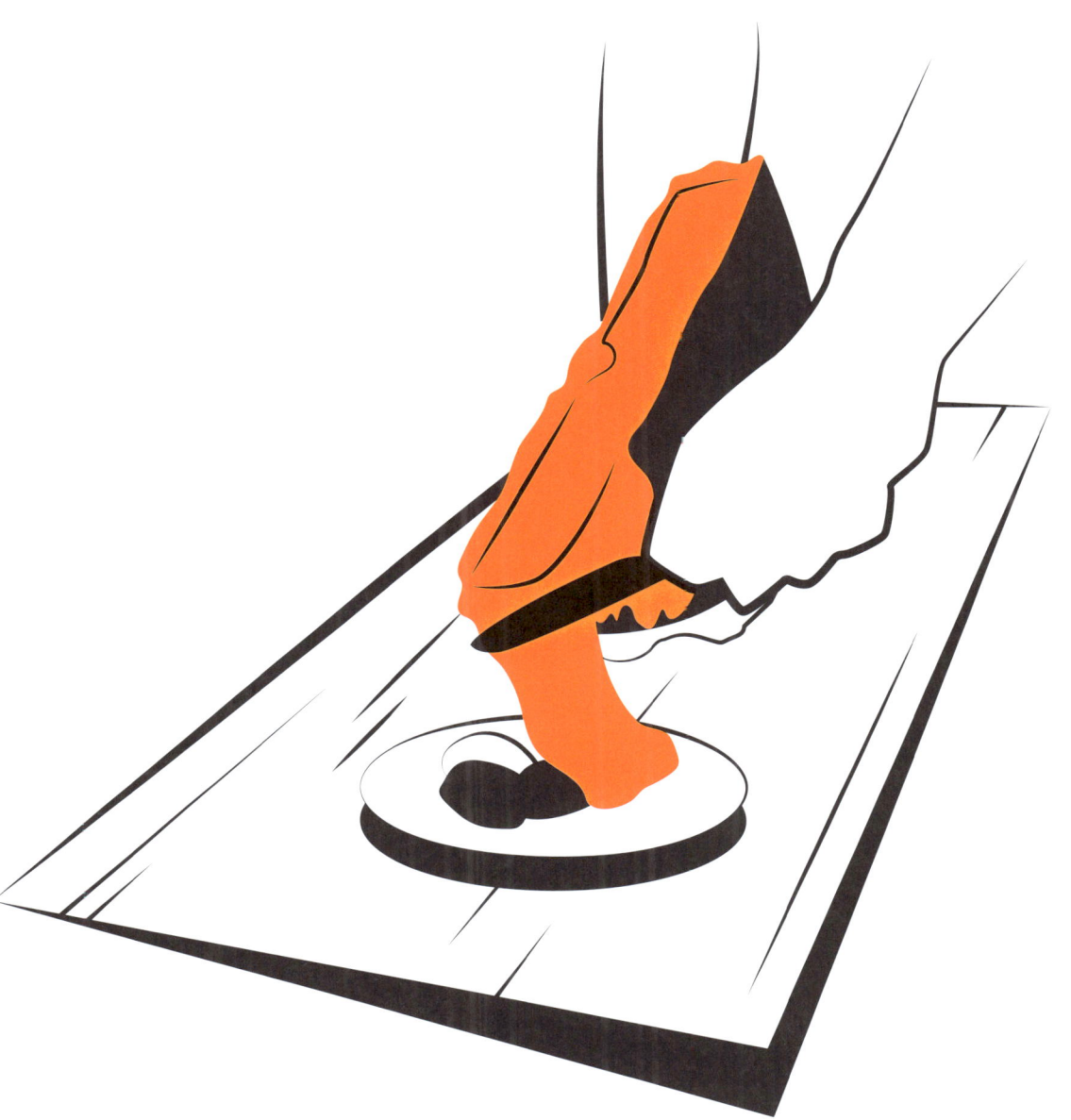

SCHMIERE

Wenn man seinen Käselaib auf einer Alp kauft, ist dieser möglicherweise nicht komplett gereinigt. Dann kratzt man mit einem Messer vorsichtig die Schmiere (bräunliche Schicht, die den Käse bedeckt) ab. Eine zu harte Schmiere kann man mit einem feuchten Tuch etwas aufweichen.

AUFBEWAHRUNG VOR DEM VERZEHR

Will man einen halben Käselaib nicht sofort komplett verzehren, wickelt man ihn in ein feuchtes Tuch und bewahrt ihn im Kühlschrank auf. So behält er seine Cremigkeit und bleibt noch ein paar Tage frisch. Die Feuchtigkeit ist sehr wichtig, denn trocknet der Käse im Kühlschrank aus, löst er sich beim Schmelzen von der Rinde.

Der Käse lässt sich aber auch luftdicht verpackt aufbewahren. Zuvor muss man jedoch die Schmiere entfernen. Auf diese Weise ist er einen Monat haltbar. Man kann den Käse auch einfrieren, aber er muss reif und sehr gut verpackt sein, damit er nicht austrocknet.

RINDE

Wenn der Käse geschmolzen ist und schon ein paar Mal abgeschabt wurde, wird die verbleibende Kruste knusprig: Das ist die Käserinde, auch *Religieuse* genannt. Diese kann man mit dem Raclettemesser abschneiden und verzehren. Die Kruste schmeckt einfach himmlisch. So etwas darf man sich nicht entgehen lassen! Und ausserdem wird beim Raclette nichts weggeworfen!

GUTER TROPFEN

Wie beim Fondue spielt Alkohol eine grosse Rolle. Und ein guter Obstbrand (Birne, Aprikose, Apfel, Kirsche, Pflaume etc.) geht schliesslich immer!

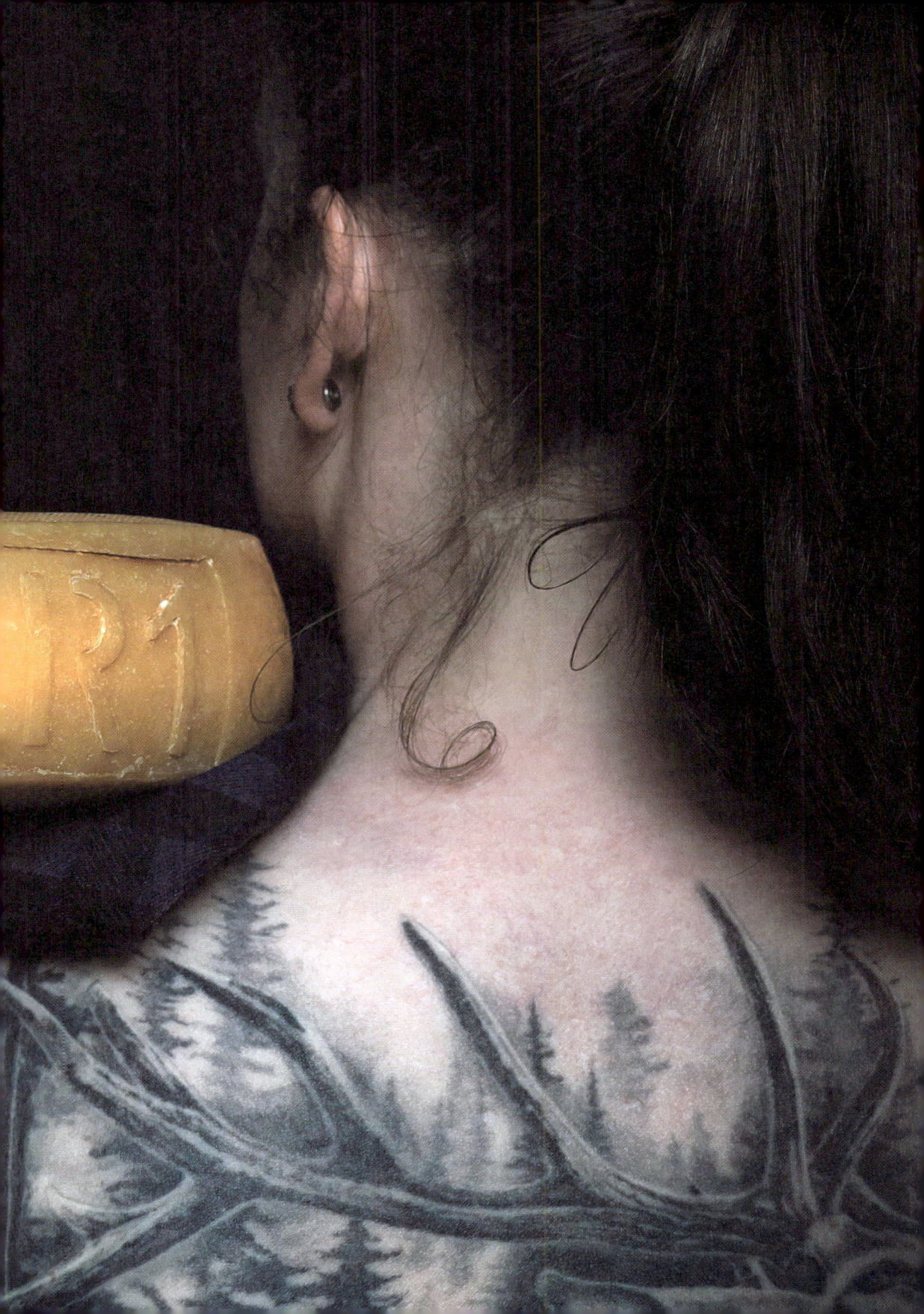

KÄSE ÜBRIG?

Dann verpackt den Käse gut und bewahrt ihn im Kühlschrank auf. Ein Käse unter einem Kilo ist zwei bis drei Wochen haltbar. Wiegt er über ein Kilo, hält er sich bis zu acht Wochen.

Ihr könnt den übrig gebliebenen Käse aber auch für eine Quiche, Käseschnitten, einen Hamburger, ein Cordon bleu oder einen Nudel- oder Kartoffelauflauf verwenden. Unter *swissmilk.ch* findet ihr 25 Rezepte, wozu ihr die Käsereste noch verwerten könnt.

UNANGENEHME GERÜCHE

Um lang anhaltende Gerüche loszuwerden, geben wir euch hier ein paar einfache und umweltfreundliche Tipps mit auf den Weg:

● Mit Nelken bespickte Zitronen- oder Orangenscheiben auf einen Teller legen.

● 1–2 EL Natron in heissem Wasser aufkochen. Zimt, Thymian oder Orangenschalen sind auch eine Option.

● Etwas weissen Essig in den vier Wänden zerstäuben.

● Ätherische Öle mithilfe eines Diffusors vernebeln oder auf einen Wattebausch geben und mitten im Raum platzieren.

● Kaffeesatz oder Milch in einer kleinen Schüssel auf den Tisch stellen.

● Duftkerzen sind auch sehr wirksam.

● Wie bei den Indianern: Das Räuchern der Wohnung mit Weissem Salbei reinigt die Luft.

ALLERGIEN

Der Raclettekäse ist ein Milchprodukt ohne Laktose
und Gluten. Der natürliche Herstellungsprozess
des Käses und seine lange Reifezeit sorgen für den
vollständigen Abbau des Milchzuckers. Er ist auch
frei von umstrittenen Zusatzstoffen.

RACLETTE MAL ANDERS

Ist man auf der Suche nach neuen Erfahrungen, dann sollte man örtliche Verbände oder Tourismusbüros aufsuchen. Unter Umständen bieten sie Raclettewochen, 1-Meter-Raclettes oder eine Racletteverkostung in der Seilbahn oder im Hubschrauber an.

DIE REZEPTE

SAGTET IHR
»RACLETTE-PARTY«?

Wie ein DJ oder Dirigent könnt ihr nach Belieben verschiedene Geschmacksrichtungen kreieren, indem ihr den Käse mit den Zutaten kombiniert, die ihr zu Hause habt: Gemüse, Nüsse, Trockenfleisch, aber auch Ingwer, Birnen oder Wasabi … Bei einer Raclette-Party ist alles erlaubt!

In diesem Abschnitt zeigen wir euch miteinander harmonierende Geschmacksrichtungen, die abwechslungsreich und überraschend zugleich sind – Grund genug, um euren Gaumen zu verwöhnen und das Raclette in all seiner Vielfalt zu schätzen wissen. Das Wichtigste bleibt aber noch: der geschmolzene Käse, ein leichter und knuspriger Genuss, den man mit der Familie oder Freunden teilen kann. Beilagen und Garnierungen lassen sich dagegen immer wieder neu kombinieren und sorgen so für neue geschmackliche Horizonte. Lasst euch von unseren neuen und einfachen Rezepten inspirieren und verblüfft eure Gäste mit peppigen und aussergewöhnlichen Beilagen!

Alle Rezepte sind für 2 Personen. Habt ihr Gäste zu Besuch, dann nehmt einfach mehr Käse. Für weitere köstliche Geschmackskombinationen könnt ihr auch mehrere unterschiedliche Beilagen zubereiten: Am Tisch kann dann jeder sein Raclette so belegen und würzen, wie er will. Damit ist Feierlaune garantiert!

Egal ob ihr euch für ein traditionelles Raclette mit einem halben Käselaib am Feuer oder für die elektronische Variante entscheidet: Die hier vorgestellten Beilagen – auf dem Teller oder im Pfännchen – werden wunderbar zu eurem geschmolzenen Käse schmecken.

Auf die Plätze, fertig, los!

Wollt ihr etwas Neues ausprobieren und euer persönliches Rezept kreieren? Dann öffnet eure Vorratsschränke und euren Kühlschrank und lasst eurer Kreativität freien Lauf …

ZUCCHETTISTREIFEN MIT PARMESAN

ZUBEREITUNGSZEIT

Ca. 15 Minuten –
inkl. 6 Minuten Garzeit

ZUTATEN

- 2 kleine Zucchetti
  (je ca. 200 g)
- 2 EL Olivenöl
- 1 Knoblauchzehe
- 90 g Parmesan
- Salz, Pfeffer

ZUBEREITUNG

1. Die Zucchetti waschen und in ca. 1 cm dicke längliche Streifen schneiden. Anschliessend auf einem Backblech oder flachen Teller auslegen und mit etwas Olivenöl beträufeln.

2. Die Knoblauchzehe in dünne Scheiben schneiden und über die Zucchettistreifen streuen. Danach mit Salz und Pfeffer würzen. Zum Schluss mit Parmesan bestreuen.

3. Eine ungefettete Grillpfanne erhitzen, die Zucchettistreifen hineingeben und auf jeder Seite 3 Minuten anbraten (die Zucchetti müssen bissfest sein).

4. Zum Schluss den geschmolzenen Raclettekäse darübergeben.

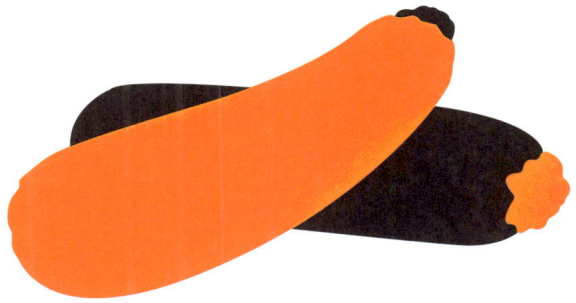

MARRONI MIT TROCKENFLEISCH

ZUBEREITUNGSZEIT

45 Minuten –
inkl. 35 Minuten Garzeit

ZUTATEN

- 400 g Marroni
- 100 g Trockenfleisch
- Eine Handvoll frische helle Weintrauben

ZUBEREITUNG

1. Den Ofen auf 200 °C vorheizen.

2. Die Marroni auf der gewölbten Seite aufschneiden und im Wasser einweichen lassen.

3. Anschliessend auf ein mit Backpapier ausgelegtes Backblech geben und 35 Minuten anrösten. Danach die Marroni aus dem Ofen nehmen und abkühlen lassen, dann abschälen.

4. Das Trockenfleisch in kleine Würfel oder dünne Scheiben schneiden. Anschliessend die Trauben waschen und halbieren.

5. Auf einen Teller ein paar Marroni, Trauben und etwas Trockenfleisch geben und mit dem geschmolzenen Raclettekäse belegen. Bei einem Raclettegrill: Die Marroni in kleine Stücke schneiden und in ein Pfännchen geben. Etwas Trockenfleisch hinzugeben und mit einer Scheibe Raclettekäse belegen. Dann im Grill schmelzen lassen.

TIPP

Statt frischer Marroni kann man auch gefrorene Marroni verwenden.

PAPRIKA-
FLEISCHBÄLLCHEN

ZUBEREITUNGSZEIT

Ca. 25 Minuten –
inkl. 6 Minuten Garzeit

MENGE

Für ca. 8 Fleischbällchen

ZUTATEN

- 100 g Rindshackfleisch
  (Race d'Hérens)

- 1 Ei

- 1 Knoblauchzehe

- 1 TL Paprikapulver

- 1 Zwiebel

- 1 EL Olivenöl

- Salz, Pfeffer

ZUBEREITUNG

1. Zwiebel und Knoblauchzehe schälen und in dünne Scheiben schneiden.

2. In einer Salatschüssel Hackfleisch, Ei, Zwiebel, Knoblauch und Paprikapulver zu einer homogenen Masse vermengen. Dann mit Salz und Pfeffer würzen.

3. Aus der Masse 8 walnussgrosse Fleischbällchen formen.

4. Etwas Öl in einer Pfanne erhitzen und die Bällchen ca. 6 Minuten darin goldbraun anbraten.

5. Aus der Pfanne nehmen und auf einem Küchenpapier abtropfen lassen.

6. Ein paar Fleischbällchen auf einen Teller geben und mit dem geschmolzenen Raclettekäse belegen. Bei einem Raclettegrill: Ein halbes Fleischbällchen in ein Pfännchen geben und mit einer Scheibe Raclettekäse belegen. Dann im Grill schmelzen lassen.

GEBRATENE KAROTTEN SÜSS-SALZIG

ZUBEREITUNGSZEIT

40 Minuten –
inkl. 30 Minuten Garzeit

- 4 Karotten

- 2 EL Olivenöl

- 1 TL Knoblauchpulver

- 1 gehäufter EL Honig

- 1 TL Kreuzkümmel-
  samen

- Salz, Pfeffer

ZUBEREITUNG

1. Den Ofen auf 200 °C vorheizen.

2. Karotten waschen und abschälen. Dann in gleich
grosse längliche Stücke schneiden (ca. Pommes-
frites-Grösse).

3. Die Karottenstücke auf ein mit Backpapier
ausgelegtes Backblech geben.

4. In einer Pfanne Olivenöl und Honig bei schwacher
Hitze erwärmen, bis die Masse flüssig ist.

5. Mit einem Bratpinsel die Karotten mit der
Honig-Öl-Mischung bestreichen. Anschliessend
mit Knoblauch, Kreuzkümmel, Salz und Pfeffer
würzen.

6. Im Ofen ca. 30 Minuten backen.

7. Ein paar Karotten auf einen Teller geben und mit
dem geschmolzenen Raclettekäse belegen.

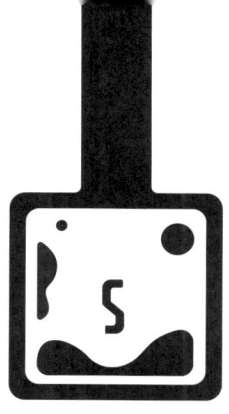

EXOTISCHER ZIEGENKÄSE MIT ANANAS

ZUBEREITUNGSZEIT

55 Minuten –
inkl. 30 Minuten Garzeit

ZUTATEN

- 50 g brauner Zucker

- 50 ml Orangensaft

- 1½ EL Ahornsirup

- 4 Scheiben Ananas

- Raclettekäse aus
  Ziegenmilch

ZUBEREITUNG

1. Den Ofen auf 220 °C vorheizen. Das Backblech
   mit Backpapier auslegen.

2. Die 4 Scheiben Ananas in kleine Stücke
   schneiden. In einer Salatschüssel Ahornsirup,
   Orangensaft und Zucker vermengen, bis sich der
   Zucker aufgelöst hat.

3. Die Ananasstücke in die Mischung geben und
   10 Minuten darin ziehen lassen.

4. Anschliessend die Stücke auf das Backblech
   legen und die übrige Marinade aufbewahren.
   Die Ananasstücke 30 Minuten im Ofen braten.
   Nach der Hälfte der Garzeit die Stücke wenden
   und mit der Marinade bestreichen. Im Ofen
   für weitere 15 Minuten braten lassen, bis die
   Ananasstücke caramellisieren.

5. Anschliessend aus dem Ofen nehmen und
   die Ananasstücke mit der übrigen Marinade
   beträufeln (nach Belieben).

6. Die gebackenen Ananasstücke auf einen Teller
   geben und mit dem geschmolzenen Raclettekäse
   belegen.
   Bei einem Raclettegrill: Ein paar Ananasstücke
   in ein Pfännchen geben und mit einer Scheibe
   Raclettekäse belegen. Dann im Grill schmelzen
   lassen.

CERVELAT
IM SPECKMANTEL

ZUBEREITUNGSZEIT

15 Minuten –
inkl. 10 Minuten Garzeit

ZUTATEN

- 1 Cervelat

- 2 Scheiben Speck

- 1 Knoblauchzehe,
  fein gehackt

- Muskatnuss,
  Paprikapulver

ZUBEREITUNG

1. Den Cervelat längs und in der Mitte zu vier gleich grossen Stücken halbieren.

2. Die Speckscheiben halbieren. Anschliessend jedes Stück Cervelat mit einer Scheibe Speck einwickeln.

3. In einer Pfanne auf jeder Seite 5 Minuten anbraten.

4. Die Cervelatstücke auf einen Teller geben und mit dem geschmolzenen Raclettekäse belegen. Nach Belieben mit fein gehacktem Knoblauch, Muskatnuss und/oder Paprikapulver würzen.

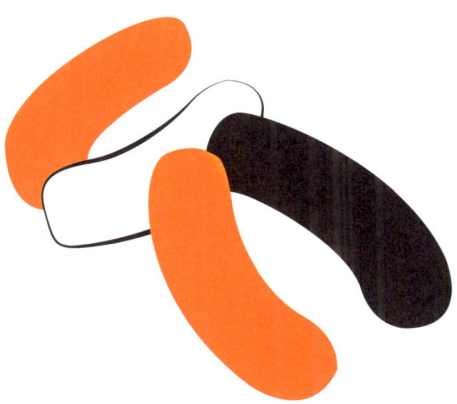

BLUMENKOHL-CROQUETTES

ZUBEREITUNGSZEIT

30 Minuten –
inkl. 20 Minuten Garzeit

MENGE

Für ca. 15 Croquettes

ZUTATEN

- 500 g Blumenkohl
- 1 Ei
- 40 g Paniermehl
- 40 g geriebener Parmesan
- 1 Bund Schnittlauch
- 1 TL Gemüsebouillon
- Salz

ZUBEREITUNG

1. Den Blumenkohl in Stücke schneiden und ca. 15 Minuten in Wasser mit Gemüsebouillon garen.

2. Anschliessend die Blumenkohlstücke mit kaltem Wasser abschrecken und in eine grosse Schüssel geben.

3. Den Ofen auf 200 °C vorheizen.

4. Mit einer Gabel die Blumenkohlstücke grob zerdrücken.

5. Restliche Zutaten hinzugeben, salzen und zu einer homogenen Masse vermengen.

6. Mit den Händen aus der Masse Croquettes formen.

7. Die Croquettes auf ein mit Backpapier ausgelegtes Backblech legen. 20 Minuten im Ofen backen. Nach 10 Minuten wenden und weiter garen.

8. Danach aus dem Ofen nehmen. Ein paar Croquettes auf einen Teller legen und den geschmolzenen Raclettekäse darübergeben.

TIPP

Statt Paniermehl kann man auch trockenes Brot in kleine Stücke schneiden und im Mixer zerkleinern.

ZUBEREITUNGSZEIT

45 Minuten –
inkl. 35 Minuten Garzeit

MENGE

Für ca. 8 Tätschli

ZUTATEN

- 1 Süsskartoffel

- 1 Kartoffel

- 1 EL Crème fraîche

- 1 Ei, verquirlt

- 20 g Mehl

- 25 g Paniermehl

- Salz, Pfeffer

SÜSSKARTOFFEL-TÄTSCHLI

ZUBEREITUNG

1. Süsskartoffel und Kartoffel schälen, waschen und würfeln.

2. Salzwasser in einer Pfanne aufkochen. Dann die Kartoffelstücke hineingeben und ca. 30 Minuten köcheln lassen.

3. Anschliessend überschüssiges Wasser abgiessen, Crème fraîche zu den Kartoffelstücken dazugeben und die Masse mit einer Gabel zerdrücken.

4. Mit Salz und Pfeffer würzen, danach abkühlen lassen (wichtig!).

5. 3 Schüsseln vorbereiten: In die erste das Mehl geben, in die zweite das verquirlte Ei und in die dritte das Paniermehl.

6. Aus der Masse Tätschli formen und zuerst in Mehl, dann in Ei und zum Schluss in Paniermehl wälzen.

7. Die Tätschli 2 Minuten in der Fritteuse braten. Dann auf einem Küchenpapier abtropfen lassen.

8. Ein paar Tätschli auf einen Teller geben und mit dem geschmolzenen Raclettekäse belegen.

TIPP

Lässt sich die Kartoffelmasse nur schwer zu Tätschli formen, gibt man sie für ca. 15 Minuten ins Gefrierfach (sie darf nicht gefrieren!). Danach die Masse mit einem Messer in kleine, würfelförmige Stücke schneiden und zu Tätschli formen. Anschliessend die Tätschli in Mehl, Ei und Paniermehl wälzen und wie oben beschrieben fortfahren.

Statt Paniermehl kann man auch trockenes Brot in kleine Stücke schneiden und im Mixer zerkleinern.

Statt einer Fritteuse kann man auch eine Bratpfanne verwenden. Einfach Öl darin erhitzen und die Tätschli ausbacken. Oliven- oder Rapsöl sind hoch erhitzbar.

STUDENTENFUTTER
MIT HONIG

ZUBEREITUNGSZEIT

Ca. 15 Minuten –
inkl. 11 Minuten Garzeit

ZUTATEN

- ½ EL flüssiger Honig
- ½ Handvoll Rosinen
- ½ Handvoll Pistazien
- ½ Handvoll Mandeln
- ½ Handvoll Haselnüsse

ZUBEREITUNG

1. Den Ofen auf 18C °C vorheizen.

2. Pistazien, Mandeln und Haselnüsse auf ein
   mit Backpapier ausgelegtes Backblech legen.
   Ca. 8 Minuten im Ofen rösten. Nach der Hälfte der
   Garzeit die Nüsse wenden, damit sie gleichmässig
   geröstet werden.

3. Das Backblech herausnehmen und die Nüsse ein
   paar Minuten abkühlen lassen.

4. Die Nüsse in einem sauberen Geschirrtuch
   aneinanderreiben, damit sich die Schale löst.

5. Die Nüsse in einem Mörser zerkleinern.

6. In einer Pfanne den Honig erhitzen. Alle Zutaten
   (einschliesslich Rosinen) hinzugeben und
   ca. 3 Minuten darin wenden.

7. Etwas von dieser Honig-Nuss-Mischung auf
   einen Teller geben und mit dem geschmolzenen
   Raclettekäse belegen.
   Bei einem Raclettegrill: Ein paar Nüsse und
   Rosinen in ein Pfännchen geben und mit einer
   Scheibe Raclettekäse belegen. Dann im Grill
   schmelzen lassen.

TIPP

Für dieses Rezept eignen sich auch andere
Schalenfrüchte, z. B. Walnüsse. Und statt Rosinen
kann man getrocknete Feigen verwenden.

SCHARFES RACLETTE
MIT CHORIZO

ZUBEREITUNGSZEIT

Ca. 1 Std. 15 Min. –
inkl. 8 Minuten Garzeit
und mind. 1 Stunde
Trockenzeit

ZUTATEN

- 1 Jalapeño

- 10 Scheiben Chorizo

ZUBEREITUNG

1. Den Ofen auf 125 °C vorheizen.

2. Den Jalapeño in Scheiben schneiden und
beiseitelegen.

3. Die Chorizoscheiben auf ein mit Backpapier
ausgelegtes Backblech geben und mit einem
zweiten Backpapier bedecken. Ca. 8 Minuten im
Ofen garen lassen.

4. Danach die Chorizo nicht sofort aus dem Ofen
nehmen: Ca. 1 Stunde bei geschlossener Ofentür
darin trocknen lassen. Für ein knusprigeres
Ergebnis noch länger im Ofen lassen.

5. Die Zutaten auf einen Teller geben und mit
dem geschmolzenen Raclettekäse belegen.
Bei einem Raclettegrill: Ein paar Chorizostücke
und etwas Jalapeño in ein Pfännchen geben und
mit einer Scheibe Raclettekäse belegen. Dann im
Grill schmelzen lassen.

PAPRIKACONFIT

ZUBEREITUNGSZEIT

40 Minuten –
inkl. 30 Minuten Garzeit

ZUTATEN

- ½ grüne Paprika
- ½ gelbe Paprika
- ½ rote Paprika
- ½ Zwiebel
- 1 Knoblauchzehe
- 1 Lorbeerblatt
- 1 TL Olivenöl
- Salz, Pfeffer

ZUBEREITUNG

1. Paprika waschen und in Streifen schneiden.

2. Zwiebel in schmale Ringe schneiden und Knoblauchzehe zerdrücken.

3. Olivenöl in einer Pfanne erhitzen. Zwiebel und Knoblauchzehe dazugeben und 3 Minuten darin wenden.

4. Die Paprikastreifen hinzugeben, ca. 5 Minuten bei mittlerer Hitze andünsten und dabei regelmässig umrühren.

5. Mit Lorbeerblatt, Salz und Pfeffer würzen.

6. Anschliessend 30 Minuten bei schwacher Hitze garen lassen. Gelegentlich umrühren.

7. Paprikastreifen auf einen Teller geben und mit dem geschmolzenen Raclettekäse belegen. Bei einem Raclettegrill: Ein paar Paprikastücke in ein Pfännchen geben und mit einer Scheibe Raclettekäse belegen. Dann im Grill schmelzen lassen.

ZWIEBELRINGE
IN TEMPURA

ZUBEREITUNGSZEIT

15 Minuten –
inkl. 10 Minuten Garzeit

ZUTATEN

- 1 grosse rote Zwiebel
- 1 Ei
- 4 TL Kartoffelstärke
- 100 ml kaltes Wasser
- 1 Knoblauchzehe, in dünne Scheiben geschnitten
- ½ TL Paprikapulver
- Frittierfett (z. B. Oliven- oder Rapsöl)
- Salz, Pfeffer

ZUBEREITUNG

1. Zwiebel schälen und in Ringe schneiden. Dann beiseitestellen.

2. In einer Schüssel Wasser und Ei verklopfen. Kartoffelstärke, Knoblauchzehe, Paprikapulver, Salz und Pfeffer hinzugeben.

3. Fritteuse oder Bratpfanne mit etwas Öl erhitzen.

4. Die Zwiebelringe in die Masse legen, dann frittieren.

5. Anschliessend die frittierten Zwiebeln in eine mit Küchenpapier ausgelegte Schüssel geben und abtropfen lassen.

6. Zwiebelringe auf einen Teller geben und mit dem geschmolzenen Raclettekäse belegen. Bei einem Raclettegrill: Ein paar Zwiebelringe in ein Pfännchen geben und mit einer Scheibe Raclettekäse belegen. Dann im Grill schmelzen lassen.

KIRSCHTOMATEN
MIT KNOBLAUCH

ZUBEREITUNGSZEIT

45 Minuten –
inkl. 40 Minuten Garzeit

ZUTATEN

- 500 g Kirschtomaten
- 4 Basilikumblätter
- 3 EL Olivenöl
- 2 Knoblauchzehen
- Salz, Pfeffer

ZUBEREITUNG

1. Den Ofen auf 210 °C vorheizen.

2. Tomaten waschen. Knoblauchzehen schälen und in dünne Scheiben schneiden.

3. Tomaten in eine Schüssel geben und Olivenöl, Basilikumblätter, Knoblauch, Salz und Pfeffer hinzugeben und gut vermengen.

4. Das Ganze in eine Auflaufform geben und 40 Minuten im Ofen garen.

5. Aus dem Ofen nehmen. Ein paar Tomaten auf einen Teller geben und mit dem geschmolzenen Raclettekäse belegen.

INGWER
SÜSS-SAUER

ZUBEREITUNGSZEIT

Ca. 20 Minuten –
inkl. 5 Minuten Garzeit

RUHEZEIT

48 Stunden

MENGE

Für ein Glas mit 200 ml
Fassungsvermögen

ZUTATEN

- 110 g frischer Ingwer

- 100 ml Reisessig

- 180 ml Wasser

- 45 g Zucker

- Etwas abgeriebene
  Limettenschale

- Salz

ZUBEREITUNG

1. Ingwer schälen. Mit einem Gemüsehobel oder
   -schäler den Ingwer in dünne Scheiben schneiden.

2. In einer Pfanne Wasser aufkochen und den
   Ingwer hineingeben. 2 Minuten köcheln lassen,
   dann aus dem Wasser herausnehmen und
   beiseitestellen.

3. Ein Einmachglas 10 Minuten in einen Topf mit
   kochendem Wasser legen und sterilisieren.

4. In einem zweiten Topf Reisessig, Salz und Zucker
   erhitzen. Umrühren, bis sich der Zucker aufgelöst
   hat.

5. Die gekochten Ingwerscheiben in das
   Einmachglas geben und mit der Zucker-
   Essig-Mischung übergiessen. Limettenschale
   hinzugeben und verschliessen.

6. Vor dem Verzehr 48 Stunden ruhen lassen.

7. Etwas Ingwer auf einen Teller geben und mit dem
   geschmolzenen Raclettekäse belegen.

TIPP

An einem trockenen und lichtgeschützten Ort ist
das Glas 10–12 Monate haltbar. Nach dem Öffnen im
Kühlschrank aufbewahren und rasch verzehren.

HASSELBACK-KARTOFFELN NACH SCHWEDISCHER ART

ZUBEREITUNGSZEIT

1 Stunde –
inkl. 45 Minuten Garzeit

ZUTATEN

- 2 Kartoffeln

- 1 TL Butter

- 2 EL Olivenöl

- Paprika, Oregano,
  Thymian, Rosmarin

- Fleur de Sel

- Pfeffer

ZUBEREITUNG

1. Den Ofen auf 180 °C vorheizen.

2. Kartoffeln schälen und waschen. Mit einem Messer die Kartoffeln quer einschneiden (nicht ganz durchschneiden!).

3. Die Kartoffeln in eine Auflaufform geben. Mit einem Bratpinsel jeden Schlitz mit weicher oder zerlassener Butter bestreichen. Anschliessend jede Kartoffel mit Thymian, Rosmarin, Oregano, Fleur de Sel, Pfeffer aus der Mühle und Paprika würzen (nach Belieben).

4. Mit Olivenöl beträufeln und 45 Minuten im Ofen backen.

5. Die Kartoffeln auf einen Teller geben und mit dem geschmolzenen Raclettekäse belegen.

TROCKENFLEISCH
MIT CASHEWKERNEN

ZUBEREITUNGSZEIT

20 Minuten –
inkl. 5 Minuten Garzeit

ZUTATEN

- 100 g Trockenfleisch
- 2 EL Cashewkerne
- 1 Knoblauchzehe
- 1 Schalotte
- 1 EL Olivenöl

ZUBEREITUNG

1. Trockenfleisch klein würfeln.

2. Knoblauchzehe und Schalotte schälen und klein hacken.

3. Cashewkerne zerkleinern.

4. In einer beschichteten Pfanne Olivenöl erhitzen. Dann Knoblauch, Schalotten, Trockenfleisch und Cashewkerne hinzugeben. Ca. 5 Minuten unter regelmässigem Umrühren anbraten.

5. Den geschmolzenen Raclettekäse auf einen Teller geben und mit Trockenfleischstückchen, Cashewkernen und Käse bestreuen. Bei einem Raclettegrill: Eine Scheibe Raclettekäse in ein Pfännchen geben und mit der Fleisch-Nuss-Mischung bestreuen. Dann in den Grill schieben.

BARBECUE-WÜRSTCHEN

ZUBEREITUNGSZEIT

15 Minuten –
inkl. 10 Minuten Garzeit

ZUTATEN

- Verschiedene Würste
  (Merguez, Chipolata,
  Kalbsbratwurst,
  Rostbratwurst etc.),
  ca. 180 g insgesamt

- 1 EL Olivenöl

ZUBEREITUNG

1. Würste in Scheiben schneiden.

2. Öl in einer Brat- oder Grillpfanne erhitzen und
die Wurststücke anbraten.

3. Die Wurststücke auf einen Teller geben und mit
dem geschmolzenen Raclettekäse belegen.
Bei einem Raclettegrill: Eine Scheibe Raclettekäse
in ein Pfännchen geben und mit ein paar
Wurststückchen bestreuen. Dann in den Grill
schieben.

KNUSPRIGE FEIGEN

ZUBEREITUNGSZEIT

Ca. 3 Minuten

ZUTATEN

- 2 frische Feigen

- Eine Handvoll Walnusskerne, geröstet und zerkleinert

- 2 EL Pinienkerne, geröstet

- 1 EL Honig

- Raclettekäse aus Ziegenmilch

ZUBEREITUNG

1. Die Feigen vierteln.

2. Ein Stück Feige sowie ein paar Nüsse und Pinienkerne auf einen Teller geben und mit dem geschmolzenen Raclettekäse belegen. Zum Schluss mit Honig beträufeln.

3. Bei einem Raclettegrill: Eine Scheibe Raclettekäse in ein Pfännchen geben und mit einem Stück Feige, ein paar Nüssen und Pinienkernen belegen. Dann in den Grill schieben. Anschliessend das Ganze auf einen Teller geben und mit etwas Honig verfeinern.

TIPP

Nüsse und Kerne lassen sich ganz leicht rösten: Auf ein mit Backpapier ausgelegtes Backblech legen und ca. 5–8 Minuten im Ofen bei 180 °C rösten. Das verleiht dem Rezept einen knusprigen Touch!

SPARGELN MIT SPECK

ZUBEREITUNGSZEIT

35 Minuten –
inkl. 20 Minuten Garzeit

ZUTATEN

- 250 grüne Spargeln

- 4 Scheiben Speck

- 4 Schalotten

- 2 EL Balsamicoessig

- Salz

ZUBEREITUNG

1. Den harten, unteren Teil der Spargeln abschneiden. Von der Spitze nach unten abschälen.

2. Spargeln waschen, in eine Pfanne mit kochendem Salzwasser geben und ca. 20 Minuten kochen lassen.

3. Währenddessen Schalotten in schmale Ringe schneiden und in einer Pfanne mit Balsamicoessig ein paar Minuten andünsten.

4. Speck klein schneiden und in einer ungefetteten Bratpfanne anbraten.

5. Prüfen, ob die Spargeln gar sind (mit einer Messerspitze anstechen). Spargeln abgiessen und in kleine Stücke schneiden.

6. Zum Schluss Spargeln mit Schalotten und Speck vermengen.

7. Das Ganze auf einen Teller geben und mit dem geschmolzenen Raclettekäse belegen. Bei einem Raclettegrill: Ein Pfännchen mit einer Scheibe Raclettekäse belegen und ein paar Spargelstücken bestreuen. Dann in den Grill schieben.

ZUBEREITUNGSZEIT

40 Minuten –
inkl. 30 Minuten Garzeit

ZUTATEN

- 100 g Grünkohl

- 100 g Speckwürfel

- 2 EL Olivenöl

- 1 Prise grobes Salz

- 1 EL Currypulver

GRÜNKOHL MIT SPECK

ZUBEREITUNG

1. Den Ofen auf 120 °C vorheizen.

2. Grünkohlblätter vom Stängel entfernen. Blätter waschen, trocknen und in Stücke schneiden (etwa chipsgross).

3. In einer Schüssel Olivenöl und Currypulver verrühren. Grünkohlblätter hinzugeben und alles gut vermengen.

4. Grünkohl auf ein mit Backpapier ausgelegtes Backblech geben und 30 Minuten im Ofen garen.

5. Währenddessen in einer ungefetteten Bratpfanne die Speckwürfel knusprig anbraten. Anschliessend auf einem Küchenpapier abtropfen lassen. So durchweichen die Grünkohlchips nicht beim Untermengen.

6. Nach der Hälfte der Garzeit die Grünkohlblätter wenden.

7. Grünkohlchips aus dem Ofen nehmen und mit etwas grobem Salz bestreuen. Abkühlen lassen und danach die Speckwürfel unterheben.

8. Geschmolzenen Raclettekäse auf einen Teller geben und mit ein paar Grünkohlchips und Speckwürfeln bestreuen.

TIPP

Statt Curry eignen sich auch andere Gewürze, z. B. Paprika oder Safran.

Für eine vegetarische Variante kann man fein geschnittene Pilze statt Speckwürfel verwenden.

ZUBEREITUNGSZEIT

Ca. 35 Minuten –
inkl. 20–25 Minuten Garzeit

MENGE

Für ein Glas mit 250 ml
Fassungsvermögen

ZUTATEN

- 300 g Schalotten

- 2 EL Zucker

- 100 ml Balsamicoessig

- ½ TL Kurkuma

- ½ TL Zimt

- 1 Knoblauchzehe

- Salz, Pfeffer

SCHALOTTEN
IN BALSAMICOESSIG

ZUBEREITUNG

1. Schalotten schälen und in dicke Ringe schneiden.

2. Schalotten mit den anderen Zutaten in eine Pfanne geben.

3. Bei schwacher Hitze 20–25 Minuten glasig dünsten und dabei regelmässig umrühren. Verdunstet der Essig zu schnell, etwas Wasser hinzugeben.

4. Sobald die Zwiebeln eine kompottartige Konsistenz haben, vom Herd nehmen. In ein Einmachglas füllen und abkühlen lassen.

5. Die caramellisierten Schalotten auf einen Teller geben und mit dem geschmolzenen Raclettekäse belegen. Bei einem Raclettegrill: Ein Pfännchen mit einer Scheibe Raclettekäse belegen und ein paar Schalotten darübergeben.

TIPP

Ist eine Racletteparty geplant, aber bleibt keine Zeit zum Kochen? Dieses Rezept lässt sich sehr gut vorab vorbereiten! Einfach ein Einmachglas 10 Minuten in einen Topf mit kochendem Wasser legen und so sterilisieren. Die caramellisierten Schalotten sind an einem trockenen und lichtgeschützten Ort 10–12 Monate haltbar. Nach dem Öffnen im Kühlschrank aufbewahren und rasch verzehren.

KARTOFFELPFANNE MIT SPECK

ZUBEREITUNGSZEIT

35 Minuten –
inkl. 25 Minuten Garzeit

ZUTATEN

- 8 kleine Kartoffeln
  (Grenaille oder Baby)

- 75 g Speckwürfel

- 75 g Champignons, in
  Scheiben geschnitten

- 1 kleine Zwiebel

- 1 Knoblauchzehe

- 30 ml Olivenöl

- 1 Prise getrockneter
  Majoran

- Salz, Pfeffer

ZUBEREITUNG

1. Kartoffeln waschen. Zwiebel und Knoblauch in
dünne Scheiben schneiden.

2. In einer Schüssel Kartoffeln, Zwiebel, Knoblauch
und Majoran vermengen und mit Olivenöl
beträufeln, bis alles gut durchtränkt ist.
Anschliessend mit Salz und Pfeffer würzen.

3. Das Ganze in einer Bratpfanne ca. 15 Minuten
unter gelegentlichem Umrühren anbraten (es darf
nicht anbrennen!).

4. Speckwürfel hinzugeben und 5 Minuten anbraten.
Champignons dazugeben und nochmals
5 Minuten braten.

5. Raclettekäse direkt über die Kartoffeln geben.

TIPP

Für einen pikanteren Geschmack mit etwas
Paprikapulver zum Schluss bestreuen.

Nach Belieben kann man auch mehr Champignons
verwenden.

OMELETTE-RACLETTE

ZUBEREITUNGSZEIT

20 Minuten –
inkl. 10 Minuten Garzeit

ZUTATEN

- 4 Eier
- 1 Zwiebel
- 1 grosse Tomate
- 50 ml Rahm
- 1 EL Olivenöl
- 1 Knoblauchzehe
- Salz, Pfeffer

ZUBEREITUNG

1. Zwiebel und Knoblauch schälen und klein hacken. Tomate klein würfeln.

2. In einer Pfanne Olivenöl erhitzen und Zwiebel und Knoblauch andünsten. Tomatenstücke hinzugeben und 5 Minuten köcheln lassen.

3. In einer kleinen Schüssel Eier verklopfen, Rahm hinzugeben und mit Salz und Pfeffer würzen. Anschliessend Tomatenstücke, Zwiebel und Knoblauch in die Eimasse geben und alles gut vermengen.

4. Bei einem Raclettegrill: Etwas von der Ei-Gemüse-Masse in ein Pfännchen geben und eine Scheibe Raclettekäse in einem anderen Pfännchen schmelzen lassen. Sobald die Omelette fertig gebraten ist, den geschmolzenen Raclettekäse darübergeben.

5. Als Beilage zu einem »traditionellen« Raclette die Omelette in einer Pfanne braten. Anschliessend in Stücke schneiden. Diese auf einen Teller geben und mit dem geschmolzenen Raclettekäse belegen.

ROTWEINBIRNEN

ZUBEREITUNGSZEIT

30 Minuten –
inkl. 20 Minuten Garzeit

ZUTATEN

- 2 Birnen
  (z. B. Williams Christ
  oder Büschelbirne)

- 300 ml Rotwein

- 50 g Zucker

- 1 Nägeli

- ½ EL Honig

- Abgeriebene Schale
  einer Orange

- ½ Päckchen
  Vanillezucker

- Pfeffer

ZUBEREITUNG

1. In einer Pfanne Rotwein, abgeriebene
   Orangenschale, Honig, Zucker, Pfeffer, Nägeli
   und Vanillezucker aufkochen.

2. Birnen schälen, halbieren, Kerne entfernen und
   abwaschen.

3. Birnen zu der Weinmischung geben. Bei
   schwacher Hitze zugedeckt 15 Minuten kochen
   lassen.

4. Birnen aus der Pfanne nehmen und
   beiseitestellen. D e Weinmischung noch ein paar
   Minuten eindicken und leicht köcheln lassen.

5. Wein in ein Abtropfsieb geben und anschliessend
   über die Birnen g essen.

6. Ein paar Birnenhälften auf einen Teller geben und
   mit dem geschmolzenen Raclettekäse belegen.
   Bei einem Raclettegrill: Birnenhälften in kleine
   Stücke schneiden. Eine Scheibe Raclettekäse
   in ein Pfännchen geben und mit Birnenstücken
   belegen. Dann in den Grill schieben.

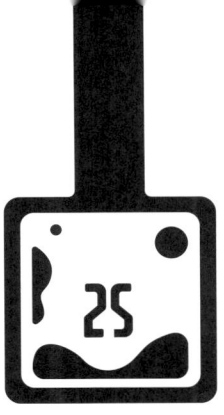

ZWIEBEL-BIER-KONFEKT

ZUBEREITUNGSZEIT

1 Std. 20 Min. – inkl.
1 Stunde Garzeit

MENGE

Für ein Glas mit 250 ml
Fassungsvermögen

ZUTATEN

- 500 g Zwiebeln
- 25 g Butter
- 75 g Rohrzucker
- ½ EL Honig
- 1 EL Balsamicoessig
- 125 ml Rotbier

ZUBEREITUNG

1. Zwiebeln schälen und in Ringe schneiden.

2. In einer Pfanne Butter zerlassen. Zwiebelringe hinzugeben und glasig andünsten. Danach Essig dazugeben und 2 Minuten eindicken lassen.

3. Zucker und Honig hinzugeben und 2 Minuten umrühren.

4. Anschliessend Bier dazugeben und bei schwacher Hitze ca. 1 Stunde köcheln lassen, bis die Zwiebelringe kandiert sind.

5. Vom Herd nehmen und in ein Einmachglas füllen.

6. Geschmolzenen Raclettekäse auf einen Teller geben mit etwas Zwiebel-Bier-Konfekt belegen. Bei einem Raclettegrill: 1 TL kandierte Zwiebeln auf eine Scheibe Raclettekäse geben. Dann im Grill schmelzen lassen.

TIPP

Ist eine Racletteparty geplant, aber bleibt keine Zeit zum Kochen? Dieses Rezept lässt sich sehr gut vorab vorbereiten! Einfach ein Einmachglas 10 Minuten in einen Topf mit kochendem Wasser legen und so sterilisieren. Das Konfekt ist an einem trockenen und lichtgeschützten Ort 10–12 Monate haltbar. Nach dem Öffnen im Kühlschrank aufbewahren und rasch verzehren.

ZUBEREITUNGSZEIT

Ca. 1 Stunde –
inkl. 30 Minuten Garzeit

MENGE

Für ein Glas mit 250 ml
Fassungsvermögen

ZUTATEN

- 150 g Äpfel

- 150 g Birnen

- 2 EL Haselnüsse,
  geröstet

- 1 EL Zitronensaft

- 30–50 g Zucker
  (nach Belieben)

- Zimt

APFEL-BIRNEN-CRUNCH

ZUBEREITUNG

1. Früchte schälen, waschen, Kerngehäuse entfernen und klein schneiden.

2. In einer Pfanne Früchte, ein paar zerkleinerte Haselnüsse, Zitronensaft und Zucker geben und ca. 30 Minuten köcheln lassen.

3. Anschliessend Früchte mit einer Gabel zerdrücken. Das Ganze in ein Einmachglas oder in kleine Gläser füllen und mit etwas Zimt bestreuen.

4. Kompott auf einen Teller geben und mit dem geschmolzenen Raclettekäse belegen. Bei einem Raclettegrill: Eine Scheibe Raclettekäse in ein Pfännchen geben, mit verschiedenen Kräutern bestreuen und etwas Kompott darübergeben. Dann in den Grill schieben.

TIPP

Dieses Kompott lässt sich sehr gut vorab für einen Racletteabend vorbereiten. Einfach ein Einmachglas 10 Minuten in einen Topf mit kochendem Wasser legen und so sterilisieren, danach einfüllen. Das Apfel-Birnen-Kompott ist an einem trockenen und lichtgeschützten Ort 10–12 Monate haltbar. Nach dem Öffnen im Kühlschrank aufbewahren und rasch verzehren.

PESTO AUS GETROCKNETEN TOMATEN

ZUBEREITUNGSZEIT

10 Minuten

ZUTATEN

- 100 g getrocknete, in Öl eingelegte Tomaten
- 1 Knoblauchzehe
- 20 g geriebener Parmesan
- 2 frische Basilikumblätter
- 1 TL Kräuter der Provence
- Salz, Pfeffer

ZUBEREITUNG

1. Tomaten grob schneiden und Basilikumblätter waschen.

2. Knoblauchzehe schälen und klein schneiden.

3. Alle Zutaten in einen Mixer geben und zerkleinern. Die Masse darf nicht zu breiig sein!

4. Abschmecken und bei Bedarf Öl der getrockneten Tomaten, Basilikum oder Gewürze hinzugeben.

5. Geschmolzenen Raclettekäse auf einen Teller geben und mit etwas Pesto verfeinern.
Bei einem Raclettegrill: Eine Scheibe Raclettekäse in ein Pfännchen geben und mit etwas Pesto belegen.

TIPP

Für noch mehr Geschmack ein paar geröstete Pinienkerne dazugeben.

RACLETTE
AUS DER KÜCHE

»Was gibt es heute Abend zu essen? Filet, Kürbisgratin ... oder doch Raclette?«

Mit den Rezepten in diesem Abschnitt müsst ihr euch nicht länger den Kopf zerbrechen! Kreiert einfach originelle Gerichte, die euch sämtlich unvergessliche Geschmackserlebnisse bescheren, wenn sie mit geschmolzenem Käse in Berührung kommen ... Das Raclette, eine köstliche Tradition, wird zu einem vollwertigen Bestandteil, hält Einzug in der Küche und verfeinert eure Kreationen: Grund genug, diese Schweizer Spezialität von einer ganz anderen Seite kennenzulernen und dabei euren Lieblingsgerichten einen modernen Touch zu verleihen!

Also, worauf wartet ihr noch: Legt euch für eure Gäste mächtig ins Zeug und bereitet ihnen Speisen mit unterschiedlichen, raffinierten Geschmacksrichtungen und Düften aus Nah und Fern zu, mit denen der geschmolzene Käse und die knusprige Kruste noch köstlicher schmecken werden. Traut euch! Ihr werdet sehen: Das wird ein Festessen!

Jeder Anlass eignet sich für ein Raclette! Warum sollte man also darauf verzichten?

CORDON BLEU
NACH WALLISER ART

ZUBEREITUNGSZEIT

Ca. 45 Minuten –
inkl. 20–30 Minuten
Garzeit

ZUTATEN

- 2 Schweineschnitzel
  (ca. 150 g jeweils)

- 4 Scheiben Walliser
  Rohschinken

- 6 getrocknete
  Aprikosen (optional)

- 1 EL Mehl

- 6 EL Paniermehl

- 1 Ei

- 1 TL Butter

- Salz, Pfeffer

ZUBEREITUNG

1. Schnitzel im Schmetterlingsschnitt schneiden:
   Das Fleisch waagrecht und quer zur Faser
   einschneiden, aber nicht durchschneiden. Dann
   beide Seiten mit Salz und Pfeffer würzen.

2. Aprikosen in dünne Scheiben schneiden.
   Anschliessend Schnitzel mit Schinken und
   ein paar Aprikosenscheiben füllen und
   Schnitzelhälften zusammenklappen.

3. Zwei flache Teller und einen tiefen Teller nehmen:
   In den ersten Teller Mehl und in den zweiten
   Paniermehl geben. Im dritten Teller das Ei
   verklopfen.

4. Fleisch im Mehl, anschliessend im Ei und zum
   Schluss im Paniermehl wälzen.

5. In einer Pfanne Butter erhitzen und die Cordons
   bleus 10–15 Minuten auf jeder Seite anbraten.

6. Anschliessend Schnitzel in vier oder mehr
   kleinere Stücke schneiden.

7. Die Schnitzelstücke auf einen Teller geben und
   mit dem geschmolzenen Raclettekäse belegen.
   Bei einem Raclettegrill: Eine Scheibe Raclettekäse
   in ein Pfännchen geben und mit einem Schnitzel-
   stück belegen. Dann in den Grill schieben.

AVOCADO-
RACLETTE

ZUBEREITUNGSZEIT

20 Minuten –
inkl. 15 Minuten Garzeit

MENGE

Für ca. 8 Portionen

ZUTATEN

- 1 Avocado
- 2 Eier
- Salz, Pfeffer
- Speckwürfel
  (optional)

ZUBEREITUNG

1. Den Ofen auf 220 °C vorheizen.

2. Avocado halbieren und entkernen. Mit einem Löffel etwas Fruchtfleisch aus dem Inneren entfernen.

3. Die beiden Avocadohälften in eine Auflaufform geben und in jedem Loch ein Ei aufschlagen. Dann mit Salz und Pfeffer würzen.

4. Im Ofen 15 Minuten backen.

5. Eine Avocadohälfte auf einen Teller geben und mit dem geschmolzenen Raclettekäse belegen.

TIPP

Für eine höhere Stabilität der Avocadohälften bei der Zubereitung empfiehlt sich eine Muffinform.

Für ein besonders schmackhaftes Ergebnis: Ein paar Speckwürfel auf das Ei geben und dann im Ofen garen.

AMERICAN BURGER

ZUBEREITUNGSZEIT

30 Minuten –
inkl. 20 Minuten Garzeit

ZUTATEN

- 300 g Rindshackfleisch
- 1 kleine Zwiebel
- 1 Knoblauchzehe
- 1 TL Paprikapulver
- 1 EL Worcestersauce
- 1 EL Senf
- 1 EL Olivenöl
- Salz, Pfeffer

ZUBEREITUNG

1. Zwiebel und Knoblauchzehe schälen und in dünne Scheiben schneiden.

2. In einer Salatschüssel alle Zutaten (ausser Öl) mit den Händen zu einer homogenen Masse vermengen.

3. Zwei Frikadellen (Patties) daraus formen und flach drücken. Die Patties ca. 20 Minuten kühl stellen, damit sie fest werden.

4. In einer Bratpfanne Öl erhitzen und die Patties darin auf jeder Seite ca. 10 Minuten braten (die Garzeit lässt sich nach Belieben variieren).

5. Garniervorschlag: Ein Bun (Burgerbrötchen) mit einem Patty, einer Scheibe Tomate, einem Blatt Salat und dem geschmolzenen Raclettekäse belegen. Ein echter Hingucker!

TIPP

Für Kinder kann man die Knoblauchzehe weglassen.

BAUERNRACLETTE

ZUBEREITUNGSZEIT

20 Minuten –
inkl. 15 Minuten Garzeit

ZUTATEN

- 400 g gemischte Pilze
- 2 Thymianzweige
- 1 Knoblauchzehe
- 50 ml Weisswein
- 50 ml Gemüsebouillon
- 100 ml Rahm
- 15 g Butter
- 200 g Brot
- 1 EL Olivenöl
- Salz, Pfeffer

ZUBEREITUNG

1. Den Ofen auf 240 °C vorheizen.

2. Pilze in dünne Scheiben schneiden. Knoblauchzehe schälen und klein hacken.

3. Öl in einer Pfanne erhitzen und die Pilze darin anbraten. Knoblauch und Thymian hinzugeben. Anschliessend das Ganze mit Rahm, Gemüsebouillon und Wein übergiessen. Mit Salz und Pfeffer würzen. Dann 10 Minuten köcheln lassen.

4. Brotscheiben mit Butter bestreichen und in eine Auflaufform geben. Die Brotscheiben mit der Pilzmasse belegen und in der oberen Ofenhälfte 5 Minuten garen.

5. Geschmolzenen Raclettekäse über die Pilz-Brotscheiben geben.

SCHALOTTEN À L'ITALIENNE

ZUBEREITUNGSZEIT

Ca. 1 Stunde –
inkl. 45 Minuten Garzeit

ZUTATEN

- 4 Schalotten
- 100 g Mascarpone
- 4 Scheiben roher Schinken
- 1 Ei
- Salz, Pfeffer, Oregano

ZUBEREITUNG

1. Schalotten schälen und 30 Minuten dämpfen (oder im Wasserbad, falls kein Dampfgarer vorhanden).

2. In einer Schüssel Mascarpone und Ei vermengen. Mit einer Prise Salz, Pfeffer und Oregano würzen.

3. Schalotten mit Schinkenscheiben umwickeln und in eine Auflaufform geben. Die Mascarponemasse über die Schalotten giessen und 15 Minuten bei 180 °C im Ofen garen.

4. Schalotten auf einen Teller geben und mit dem geschmolzenen Raclettekäse belegen.
Bei einem Raclettegrill: Eine Schalotte über oder unter eine Scheibe Raclettekäse geben (optional). Dann in den Grill schieben.

33

POULETBRUST
NACH INDISCHER ART

ZUBEREITUNGSZEIT

20 Minuten –
inkl. 10 Minuten Garzeit

ZUTATEN

- 2 Pouletbrustfilets
  (je ca. 125 g)

- 1 Eigelb

- ½ EL Currypulver

- ½ EL Olivenöl

ZUBEREITUNG

1. Die Filets klein schneiden.

2. Eigelb verklopfen und Pouletstücke damit
bestreichen. Mit Currypulver gut würzen.

3. Öl in einer Pfanne erhitzen. Pouletstücke ca.
10 Minuten unter regelmässigem Umrühren
anbraten.

4. Ein paar Pouletstücke auf einen Teller geben und
mit dem geschmolzenen Raclettekäse belegen.
Bei einem Raclettegrill: Eine Scheibe Raclettekäse
in ein Pfännchen geben und mit 1 TL klein
geschnittenen Fleisch belegen. Dann in den
Grill schieben.

34

SALBEISCHNITZEL

ZUBEREITUNGSZEIT

15 Minuten –
inkl. 10 Minuten Garzeit

ZUTATEN

- 4 kleine Kalbsschnitzel
  (ca. 60 g jeweils)

- 50 ml Weisswein

- 20 g Butter

- 1 Schuss Olivenöl

- 4 Salbeiblätter

- Salz, Pfeffer

- Zahnstocher

ZUBEREITUNG

1. Die Schnitzel klopfen. Jedes Schnitzel mit einem
   Salbeiblatt belegen und mit einem Zahnstocher
   befestigen.

2. In einer Bratpfanne Butter und Öl erhitzen.
   Schnitzel 2–3 Minuten auf jeder Seite anbraten.

3. Weisswein hinzugeben und verdunsten lassen.
   Sobald die Schnitzel gar sind, mit Salz und Pfeffer
   würzen.

4. Schnitzel auf einen Teller geben und mit
   dem geschmolzenen Raclettekäse belegen.
   Bei einem Raclettegrill: Schnitzel halbieren oder
   vierteln, ein Stück in ein Pfännchen geben und
   mit einer Scheibe Raclettekäse belegen. Dann in
   den Grill schieben.

TIPP

Zusätzlich zum Salbeiblatt das Schnitzel mit einer
Scheibe rohem Schinken belegen.

POULETBRUSTFILET NACH WALLISER ART

ZUBEREITUNGSZEIT

25 Minuten –
inkl. 10 Minuten Garzeit

ZUTATEN

- 2 Pouletbrustfilets
  (ca. 150 g jeweils)
- 1 EL Olivenöl
- 1 Tomate
- Verschiedene
  getrocknete Kräuter
  (der Provence)
- Salz, Pfeffer

ZUBEREITUNG

1. Pouletbrustfilets in Stücke schneiden, Öl in einer Bratpfanne erhitzen und die Filets 5 Minuten auf jeder Seite anbraten.

2. Währenddessen die Tomate in Scheiben schneiden.

3. Sobald die Filets gar sind, beiseitestellen. Jedes Filet mit einer Scheibe Tomate belegen. Mit Salz und Pfeffer würzen, dann mit Kräutern bestreuen.

4. Die Filets auf einen Teller geben und mit dem geschmolzenen Raclettekäse belegen.
   Bei einem Raclettegrill: Filets halbieren oder vierteln, dann ein paar Stücke in ein Pfännchen geben und mit einer Scheibe Raclettekäse belegen. Dann im Grill schmelzen lassen.

AUBERGINENPIZZA

ZUBEREITUNGSZEIT

30 Minuten –
inkl. 15 Minuten Garzeit

ZUTATEN

- 1 Aubergine

- 125 g passierte
  Tomaten

- 30 ml Olivenöl

- Salz, Pfeffer, Kräuter
  der Provence

- Raclettekäse aus
  Schafmilch

ZUBEREITUNG

1. Aubergine waschen und in Scheiben schneiden.

2. Den Ofen auf 180 °C vorheizen.

3. Auberginenscheiben auf ein mit Backpapier
   ausgelegtes Backblech legen und mit Olivenöl
   beträufeln. Mit Salz, Pfeffer und Kräutern würzen.

4. Im Ofen ca. 15 Minuten garen.

5. Währenddessen die passierten Tomaten in einer
   Pfanne erhitzen.

6. Auberginenscheiben aus dem Ofen nehmen und
   auf jede Scheibe etwas Tomatensauce geben.

7. Eine Auberginenscheibe auf einen Teller geben
   und mit dem geschmolzenen Raclettekäse belegen. Bei einem Raclettegrill: Eine Auberginenscheibe in ein Pfännchen geben und mit einer
   Scheibe Raclettekäse belegen. Dann im Grill
   schmelzen lassen.

TIPP

Als Beilage auf die Tomatensauce sind noch viele
weitere Zutaten möglich: Schinken, geschnittene
Pilze, ein paar Zwiebelscheiben ... Bei Pizza ist alles
erlaubt!

RACLETTESANDWICH

ZUBEREITUNGSZEIT

5 Minuten

ZUTATEN

- 2 Scheiben Toastbrot
- 2 Scheiben Schinken
- 1 EL Senf
- 2 Gewürzgurken

ZUBEREITUNG

1. Das Toastbrot toasten.

2. Mit Senf bestreichen und jede Scheibe Toast mit einer Scheibe Schinken belegen.

3. Toastscheiben vierteln.

4. Gewürzgurken in Scheiben schneiden und auf die Toastscheiben legen.

5. Geschmolzenen Raclettekäse darübergeben.

TIPP

Statt Senf eignet sich auch Butter.

Im Stil *Toast Hawaii:* Toastscheiben mit einer Scheibe Ananas belegen und mit etwas Paprikapulver bestreuen.

ZUBEREITUNGSZEIT

1 Std. 15 Min. –
inkl. 30 Min. Garzeit

ZUTATEN

- 100 g Risottoreis
  (Arborio)

- 125 g Schinkenwürfel

- 50 ml Weisswein

- 1 grosses Ei

- ½ Zwiebel

- 75 g Paniermehl

- 70 g Mehl

- 1 EL Olivenöl

- Petersilie

- Salz

ARANCINI

ZUBEREITUNG

1. Pfanne mit Salzwasser zum Kochen bringen. Reis hineingeben und bei schwacher Hitze 20 Minuten kochen.

2. Währenddessen Zwiebel klein schneiden, Öl in einer Bratpfanne erhitzen und Zwiebelstücke anbraten.

3. Schinkenwürfel hinzugeben. Mit Weisswein ablöschen und unter regelmässigem Umrühren verdunsten lassen. Dann beiseitestellen.

4. Reis in eine Schüssel geben und gut abkühlen lassen (dies erleichtert die folgenden Schritte). Petersilie klein hacken und untermengen.

5. Drei Schälchen vorbereiten: In das erste Schälchen Mehl und in das zweite Paniermehl geben. Im dritten Schälchen das Ei verklopfen.

6. Reisbällchen im Mehl, Ei und dann im Paniermehl wälzen.

7. Reisbällchen in einer Fritteuse goldbraun frittieren.

8. Anschliessend auf einem Küchenpapier abtropfen lassen.

TIPP

Statt Schinkenwürfel eignen sich auch Hackfleisch oder Erbsen.

Statt einer Fritteuse kann man auch eine Bratpfanne verwenden: Einfach Öl darin erhitzen und die Reisbällchen ausbacken.

RACLETTE
NACH WAADTLÄNDER ART

ZUBEREITUNGSZEIT

1 Stunde – inkl.
40 Minuten Garzeit

ZUTATEN

- 300 g Lauch
- 1 Kohlwurst (ca. 350 g)
- 15 g Butter
- 1 EL Crème fraîche
- ½ EL Senf
- 1 EL Zitronensaft
- Salz, Pfeffer
- Zahnstocher

ZUBEREITUNG

1. Lauch klein schneiden und waschen.

2. Eine Bratpfanne erhitzen und Butter zerlassen. Lauch hinzugeben und zugedeckt bei schwacher Hitze ca. 25 Minuten garen. Gelegentlich umrühren.

3. Währenddessen einen Topf mit Salzwasser zum Kochen bringen (nicht zu viel Salz!). Die Wurst mit ein paar Zahnstochern anstechen und ca. 25 Minuten kochen.

4. Zitronensaft, Senf und Crème fraîche zum Lauch geben. Mit Salz und Pfeffer würzen und das Ganze gut vermengen. Lauch zugedeckt nochmals 10 Minuten bei schwacher Hitze garen.

5. Wurst längs aufschneiden und das Innere auf einen Teller geben. Etwas von der Lauchmasse dazugeben und mit dem geschmolzenen Raclettekäse belegen. Bei einem Raclettegrill: Eine Scheibe Raclettekäse in ein Pfännchen geben und mit etwas Lauch und Wurst belegen. Dann in den Grill schieben.

BUTTERNUTKÜRBIS-GRATIN

ZUBEREITUNGSZEIT

45 Minuten –
inkl. 35 Minuten Garzeit

ZUTATEN

- 500 g Butternutkürbis

- 20 g Speckwürfel

- 1 EL frische Kräuter
  (Petersilie und
  Schnittlauch)

- 100 ml Rahm

- Salz, Pfeffer,
  Muskatnuss

- Raclettekäse aus
  Schafmilch

ZUBEREITUNG

1. Kürbis klein schneiden, abschälen und waschen.

2. Kürbisstücke 15 Minuten in einem Fond mit
Salzwasser kochen (Garzeit bei Bedarf anpassen).

3. Währenddessen Kräuter klein hacken.

4. Kürbisstücke mit Speckwürfeln in eine
Auflaufform geben und mit ein paar frischen
Kräutern bestreuen (Menge nach Belieben).
Mit Muskatnuss, Pfeffer und etwas Salz würzen
(nicht zu viel Salz, da die Speckwürfel bereits
salzig sind).

5. Rahm über die Kürbismasse geben und
ca. 20 Minuten im Ofen bei 210 °C garen.

6. Etwas vom Kürbisgratin auf einen Teller geben
und mit dem geschmolzenen Raclettekäse
belegen.

TIPP

Für einen intensiveren Kürbisgeschmack ein paar
Ingwerstücke, Curry oder Kardamom dazugeben,
dann in den Ofen schieben.

RINDERSTEAK
IN WHISKYMARINADE

ZUBEREITUNGSZEIT

25 Minuten –
inkl. 15 Minuten Garzeit

RUHEZEIT

6–12 Stunden

ZUTATEN

- 2 Rindersteaks
  (ca. 120 g jeweils)

- 60 ml Whisky

- 60 ml Sojasauce

- 1 EL Worcestersauce

- 3 EL Senf

- 2 Knoblauchzehen

- 1 Schalotte

- 1 Zwiebel

- 1 EL Öl

ZUBEREITUNG

1. Steaks in Stücke schneiden. Zwiebel, Schalotte und Knoblauchzehen schälen und klein hacken.

2. Fleischstücke mit allen anderen Zutaten in eine Schüssel geben und gut vermengen.

3. Im Kühlschrank 6–12 Stunden in der Marinade ziehen lassen.

4. Danach Öl in einer Pfanne erhitzen und das Fleisch anbraten. Etwas Marinade dazugeben und 15 Minuten köcheln lassen.

5. Fleischstücke auf einen Teller geben und mit dem geschmolzenen Raclettekäse belegen.

TIPP

Für einen alkoholintensiveren Geschmack:
Option 1: Einen Schuss Whisky über eine Scheibe des geschmolzenen halben Käselaibs geben und das Ganze flambieren, dann den geschmolzenen Käse auf den Teller geben. Option 2: 100 ml Whisky in die Pfanne geben und Fleisch zum Schluss flambieren.

ZUBEREITUNGSZEIT

Ca. 2 Std. 30 Min. –
inkl. 2 Std. 15 Min. Garzeit

RUHEZEIT

2 Stunden

ZUTATEN

- 400 g Filet

- 25 g Butter

- 150 ml Abricotine

- 1 Zwiebel

- 1 Knoblauchzehe

- 1 Stück Ingwer (ca. 15 g)

- 1 EL Honig

- Saft einer Zitrone

- 1 EL Sojasauce

- 1 EL Olivenöl

- Salz, Pfeffer

42

FILET MIT
APRIKOSENAROMA

ZUBEREITUNG

1. Zwiebel und Knoblauch schälen und klein hacken. Ingwer schälen und fein reiben.

2. Alle Zutaten (ausser Filet, Abricotine und Butter) in eine Schüssel geben und vermengen.

3. Filet in die Marinade einlegen. Im Kühlschrank zugedeckt 2 Stunden ziehen lassen.

4. In einer Bratpfanne Butter zerlassen und Filet auf jeder Seite goldbraun anbraten (12–15 Minuten insgesamt).

5. Den Ofen auf 80 °C vorheizen.

6. Filet in eine Auflaufform geben und mit Marinade bedecken. 2 Stunden im Ofen garen und dabei regelmässig mit Marinade beträufeln.

7. Anschliessend aus dem Ofen nehmen, in dünne Scheiben schneiden und auf einen Teller legen.

8. Halben Laib Käse schmelzen lassen. Dann einen Schuss Abricotine darübergiessen (flambieren nach Belieben) und geschmolzenen Raclettekäse über ein Filetstück geben. Bei einem Raclettegrill: Filetstück mit einer Scheibe Raclettekäse belegen und mit etwas Apricotine beträufeln (nach Belieben direkt auf dem Teller flambieren).

TIPP

Statt Abricotine eignet sich auch ein anderer Branntwein oder ein Whisky, der dem Gericht eine köstliche Caramelnote verleiht.

PIERRE CREPAUD
DER GRÜNE STERNEKOCH

Wie es der Zufall will ... Unsere Zusammenarbeit begann am 19. Februar 2020, nachdem uns Delphine Gillioz, die Frau von Pierre Crepaud, eine Nachricht auf Instagram geschickt hatte: »Mein lieber Pierre würde sich sehr freuen, euch kennenzulernen und mit euch an einem Projekt zu arbeiten!« Wenige Tage später arbeiteten wir zusammen an den ersten Rezepten für dieses Buch. Noch bevor wir zu Ende gegessen hatten, baten wir Pierre, uns zehn schmackhafte Rezepte für dieses Werk zusammenzustellen, denn schliesslich sollte dieses im Zeichen unserer gemeinsamen Leidenschaft für regionale Produkte stehen.

Pierre Crepaud trägt in Anlehnung an seine Naturverbundenheit und seine berühmte grüne Kochjacke den Spitznamen »Grüner Chefkoch«. Er wurde von Gault & Millau 2010 mit 17 von 20 Punkten sogar zur »Entdeckung der Romandie« gekürt. Fünf Jahre später ergatterte er einen Stern beim Guide Michelin. Der Chefkoch bringt seine beiden Leidenschaften – Küche und Liebe zu den Bergen – problemlos unter einen Hut: »Ich ziehe ständig eine Parallele zwischen den Bergen und meiner Küche. Wenn man auf einer Expedition ist, muss man mit Risiken und deren Auswirkungen umgehen können. In den Bergen lauern viele Gefahren, und wenn etwas passiert, muss man schauen, wie schlimm es ist, und dann dementsprechend handeln. Ich wende diesen Ansatz auch bei meiner Arbeit als Chefkoch an.« Die Inspiration für seine Rezepte findet er also, wenn er die Gipfel erklimmt, und das schmeckt man auch: Seine Gerichte zaubern zugleich die frische Luft aus den Bergen und die unterschiedlichsten Aromen mit einem Hauch Alpwiesenduft auf den Teller. Das tägliche Laufen hilft Pierre Crepaud bei seinen anstehenden kulinarischen Projekten. Es gibt ihm auch die nötige Kraft und den nötigen Ausgleich. Neue Ideen und wichtige Entscheidungsfindungen verdankt er den besonderen Momenten in der Natur. So kann er den gewünschten Lebensweg gehen – angetrieben vom Drang, sich noch höhere Ziele zu stecken, neue Grenzen zu erreichen und diese immer wieder zu überschreiten.

Als 14-Jähriger entdeckte er mithilfe seiner Mutter, die seine grösste Inspirationsquelle ist und ihn immer mit leckeren, liebevoll zubereiteten Speisen bekochte, das Kochen für sich: »Gutes Essen liegt bei uns in der Familie«, betont er. Er begann recht schnell seine Ausbildung zum Koch. Was ihn am Kochen begeistert? Die Tatsache, dass man Farben und Düfte an einem Tisch zusammenbringen und damit anderen Menschen eine Freude bereiten kann. Schlicht und einfach.

»Und die Brennnessel, die mich als Kind immer stach und brannte, landet jetzt auf meinen Tellern.«

WIE EIN CHEFKOCH!

REZEPTE VON
PIERRE CREPAUD

VERSION DELUXE

ZUBEREITUNGSZEIT

Ca. 1 Stunde - inkl.
45–60 Minuten Garzeit

ZUTATEN

- 400 g festkochende Kartoffeln
- 4 EL weisses Trüffelöl
- 1 grosser schwarzer Trüffel
- Pfeffer, frisch gemahlen

ZUBEREITUNG

1. Den Ofen auf 180 °C vorheizen.

2. Kartoffeln waschen (nicht schälen!). Mit Trüffelöl beträufeln und jede Kartoffel in Aluminiumfolie einwickeln. Für ein gleichmässiges Garergebnis sollten die Kartoffeln alle gleich gross sein.

3. Kartoffeln auf ein Gitter legen und 45–60 Minuten im Ofen backen. Prüfen, ob die Kartoffeln gar sind (mit einem Messer anstechen). Im Ofen erhalten die Kartoffeln ein besonderes Grillaroma!

4. Anschliessend Kartoffeln nochmals mit etwas Trüffelöl beträufeln. Geschmolzenen Raclettekäse auf den Teller geben, mit Pfeffer würzen und mit dünn gehobelten Trüffelscheiben belegen.

KRÄUTER-RACLETTE

ZUBEREITUNGSZEIT

15 Minuten

ZUTATEN

- 100 g glatte Petersilie
- Ein paar frische Oreganozweige
- ½ Bund Schnittlauch
- 4 Knoblauchzehen
- 1 kleine rote Chilischote
- 2 EL Rotweinessig
- 1 TL Zitronensaft, frisch gepresst
- 120 ml Olivenöl
- Salz, Pfeffer
- Chimichurri-Sauce (optional)

ZUBEREITUNG

1. Kräuter waschen (Petersilie, Schnittlauch und Oregano). Schnittlauch klein schneiden und Oregano klein hacken (für 2 EL). Petersilie zerkleinern.

2. Knoblauchzehen und Chilischote klein hacken.

3. Alle Zutaten in eine kleine Schüssel geben. Essig, Zitronensaft und Olivenöl dazugeben. Mit Salz und Pfeffer würzen und alles gut vermengen.

4. Für ein besonderes Geschmackserlebnis geschmolzenen Raclettekäse und Kartoffeln mit Chimichurri-Sauce würzen.

TIPP

Die Chimichurri-Sauce kann vorher zubereitet werden, muss aber kühl gelagert werden. Binnen 24–48 Stunden verzehren.

WINTER-RACLETTE

ZUBEREITUNGSZEIT

Ca. 15 Minuten –
inkl. 1–2 Minuten Garzeit

ZUTATEN

- 4 Wachteleier
- 4 Scheiben Colonnata-Speck
- 1 TL Kümmel
- 1 Zwiebel
- 2 EL Mehl
- Öl (Erdnuss oder Sonnenblume)

ZUBEREITUNG

1. Zwiebel schälen und mit einem Gemüsehobel oder einer Schneidemaschine in hauchdünne Scheiben schneiden.

2. Zwiebelscheiben n etwas Mehl wälzen, überschüssiges Mehl abklopfen und in einem Topf mit erhitztem Öl 1–2 Minuten goldbraun anbraten. Danach auf einem Küchenpapier abtropfen lassen.

3. Eine Scheibe Raclettekäse in ein Pfännchen geben, ein rohes Wachtelei darübergeben und das Ganze im Grill schmelzen lassen. Anschliessend mit einer dünnen Scheibe Speck, ein paar knusprigen Zwiebelringen und Kümmel belegen. Das verleiht dem Ganzen einen gewissen Pep!

TIPP

Bei diesem Rezept wird der Colonnata-Speck (in allen italienischen Feinkostläden erhältlich) roh verarbeitet. Für ein optimales Ergebnis sollten die Scheiben hauchdünn geschnitten sein.

RACLETTE
AUF JAPANISCHE ART

ZUBEREITUNGSZEIT

2 Minuten

ZUTATEN

- 100 g eingelegter Ingwer

- 1 EL schwarzer Sesam

- 1 Tube Wasabi

- 200 g Mungobohnensprossen

- 50 g Nori-Algen

ZUBEREITUNG

1. Alle Zutaten auf einer Platte oder in kleinen Schälchen servieren, so dass jede Person frei wählen kann.

2. Geschmolzenen Raclettekäse auf einen Teller geben und nach Belieben mit den unterschiedlichsten Beilagen garnieren.

Y VIVA ESPAÑA!

ZUBEREITUNGSZEIT

25 Minuten – inkl.
10 Minuten Garzeit

ZUTATEN

- 4 Scheiben Toastbrot
- 1 Knoblauchzehe
- 80 ml Olivenöl
- 20 dünne Scheiben Chorizo
- 1 rote Chilischote
- 1 rote Paprika
- 1 grüne Paprika

ZUBEREITUNG

1. Knoblauchzehe schälen und fein hacken.

2. Toastbrot klein würfeln und in einer Pfanne mit Olivenöl und Knoblauch ca. 5 Minuten anrösten. Auf einem Küchenpapier abtropfen lassen.

3. Paprikaschoten putzen und in schmale Streifen schneiden. 5 Minuten unter regelmässigem Umrühren in Olivenöl andünsten.

4. Chilischote in dünne Scheiben schneiden.

5. Geschmolzenen Raclettekäse mit Chorizo, Paprikastreifen, Chilischoten und goldbraunen, knusprigen Croûtons garnieren.

TIPP

Ein Raclettekäse aus Schafmilch eignet sich bei diesem würzigen Rezept besonders gut.

NUSSIGE KÄSESTREUSEL

ZUBEREITUNGSZEIT

20 Minuten –
inkl. 15 Minuten Garzeit

ZUTATEN

- 50 g Pinienkerne
- 50 g Cashewkerne
- 50 g Pistazien
- 1 TL Mohnsamen
- 100 g Parmesan
- 100 g Mehl
- 80 g Butter
- Eine Prise getrocknete Wildkräuter

ZUBEREITUNG

1. Für die Käsestreusel in einer Salatschüssel Butter, Mehl und Parmesan vermengen. Die Masse muss eine sandige Konsistenz haben. Den Ofen auf 180 °C vorheizen. Die Masse auf einem Backblech verteilen und 10 Minuten im Ofen backen.

2. Pinienkerne, Cashewkerne, Pistazien und Mohnsamen vermengen. auf einem Backblech verteilen und 5 Minuten bei 170 °C im Ofen rösten. Danach grob zerkleinern.

3. Geschmolzenen Raclettekäse mit ein paar gerösteten Nüssen und Samen bestreuen, ein paar Streusel dazugeben und mit einer Prise Wildkräuter würzen.

TIPP

Bleiben Streusel und geröstete Nüsse übrig? Diese sind 5–6 Wochen in einem verschliessbaren Gefäss haltbar ... bis zum nächsten Raclette! Salate und Suppen lassen sich damit auch garnieren.

ZUBEREITUNGSZEIT

Ca. 1 Std. 50 Min. –
inkl. 1 Std. 20 Min. bis
1 Std. 25 Min. Garzeit
(vorzugsweise am
Vortag)

ZUTATEN

- 6 Pastinaken

- 1 grosse Zucchetti

- 1 Broccoli

- 1 Blumenkohl

- 1 kleiner Kürbis

- 8 grosse Champignons

- 4 Knoblauchzehen

- 150 ml Olivenöl

- 2 EL getrockneten
  Thymian

- 2 EL getrockneten
  Rosmarin

- 2 EL Zucker

- Salz, Pfeffer

- Gehackte Kräuter
  (nach Belieben)

GEMÜSE-RACLETTE

ZUBEREITUNG

1. Gemüse am Vortag zubereiten und garen. Den Ofen hierfür auf 180 °C vorheizen.

2. Pastinaken schälen und längs halbieren. Kürbis schälen und vierteln.

3. Gemüse mit ganzen Knoblauchzehen auf einem Backblech auslegen. Mit Kräutern, Zucker, Salz und Pfeffer würzen. Mit Olivenöl beträufeln und alles mit den Händen sorgfältig vermengen.

4. In der oberen Ofenhälfte 45 Minuten garen. Für ein optimales Garergebnis Gemüse anschliessend wenden.

5. Ofentemperatur auf 210 °C erhöhen und 10–15 Minuten weitergaren. Gemüse mit einem Messer anstechen und Garzustand prüfen. Es muss gar sein. Bei Raumtemperatur abkühlen lassen, dann zugedeckt in einer Schüssel aufbewahren.

6. Zucchetti grob würfeln und in einer Pfanne mit 1 EL Olivenöl 5 Minuten andünsten. Anschliessend Champignons ebenfalls 5 Minuten in der Pfanne anbraten.

7. Broccoli und Blumenkohl in Röschen teilen und höchstens 5 Minuten in kochendem Salzwasser garen. Nach dem Garen Gemüse in einer grossen Schüssel mit kaltem Wasser abschrecken. Dies erhält die grüne Farbe des Broccoli.

8. Anschliessend das ganze Gemüse bis zum nächsten Tag im Kühlschrank aufbewahren. Am nächsten Tag Gemüse nochmals im Ofen bei 180 °C 10 Minuten aufwärmen.

9. Gemüse auf einen Teller geben und mit geschmolzenem Raclettekäse belegen. Mit Pfeffer würzen und mit fein gehackten Kräutern bestreuen (nach Belieben).

MEDITERRANES RACLETTE

ZUBEREITUNGSZEIT

15 Minuten –
inkl. 8 Minuten Garzeit

ZUTATEN

- 120 g getrocknete Tomaten
- 80 g Kapern mit Stiel
- 200 g dünne Scheiben Coppa
- 1 Bund Thymian
- 100 g schwarze, entsteinte Oliven
- 160 g Zwiebelconfit
- 2 EL Olivenöl

ZUBEREITUNG

1. Öl in einer Pfanne erhitzen und Coppa mit etwas Thymian ca. 8 Minuten unter gelegentlichem Umrühren goldbraun anbraten. Währenddessen die getrockneten Tomaten klein schneiden.

2. Coppascheiben auf einem Küchenpapier abtropfen lassen.

3. Geschmolzenen Raclettekäse auf einen Teller geben und mit getrockneten Tomaten, Kapern, Zwiebelconfit, Ol ven und Coppascheiben belegen.

TIPP

Raclettekäse aus Ziegenmilch eignet sich bei diesem Rezept besonders gut.

Im Sommer verleiht ein Stück Honigmelone diesem Gericht eine gewisse frische Note.

APRIKOSEN
IM SPECKMANTEL

ZUBEREITUNGSZEIT

Ca. 8 Minuten – inkl.
2–3 Minuten Garzeit

ZUTATEN

- 4 getrocknete oder
  frische Aprikosen
  (je nach Saison)

- 1 grosser
  Rosmarinzweig

- 4 Scheiben
  geräucherter Speck

- 1 kleine Prise schwarzer
  Pfeffer, grob gemahlen

ZUBEREITUNG

1. Frische Aprikosen waschen, halbieren und Kern
   entfernen (bei getrockneten Aprikosen entfällt
   dieser Schritt). Rosmarinzweig in vier gleich lange
   Stängel brechen.

2. Den Ofen auf 240 °C vorheizen. Jede Aprikose
   mit einer Scheibe geräuchertem Speck umwickeln
   und mit einem Stück Rosmarinzweig befestigen.
   Aprikosen auf ein mit Backpapier ausgelegtes
   Backblech geben, im Ofen 2 Minuten garen und
   nach der Hälfte der Garzeit wenden.

3. Bei einer Zubereitung in der Pfanne: Aprikosen
   3 Minuten in einer ungefetteten Pfanne unter
   gelegentlichem Umrühren anbraten.

4. Geschmolzenen Raclettekäse auf einen Teller
   geben. Aprikosen mit Speck dazugeben und mit
   Pfeffer würzen.

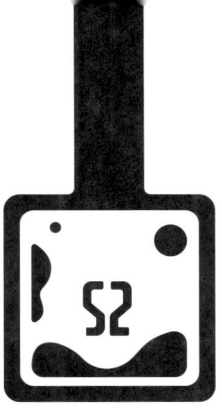

BÄRLAUCHPESTO

ZUBEREITUNGSZEIT

15 Minuten

ZUTATEN

- 100 g Bärlauchblätter

- 50 g Parmesan am Stück (besser als fertig gerieben)

- 200 ml Olivenöl

- 50 g Pinienkerne

- 50 g gemahlene Mandeln

ZUBEREITUNG

1. Bärlauchblätter waschen und mit Küchenpapier trocken tupfen. Blattstiele entfernen.

2. Blätter in einen Mixer geben. Pinienkerne, gemahlene Mandeln, Parmesan und Olivenöl hinzugeben und alles zerkleinern.

3. Geschmolzenen Raclettekäse auf einen Teller geben und mit einem kleinen Teelöffel Bärlauchpesto garnieren.

TIPP

Das Pesto kann vorher zubereitet werden, muss aber kühl gelagert werden. Im Kühlschrank ist es 14 Tage in einem verschliessbaren Gefäss haltbar.

WAS BEDEUTET
RACLETTE FÜR EUCH?

»Ich erinnere mich an ein Raclette, das ich in den Sommer-
ferien in der Badehose auf einem Boot am Bodensee
gegessen habe, und es war das beste, das ich je hatte.«

PETER STRÄHL. GESCHÄFTSFÜHRER DER STRÄHL KÄSE AG

»Raclette gehört einfach zur Walliser Tradition. Für uns war
es aber auch eine technologische Herausforderung, als wir
den Roboclette entwickelten.«

DR. SYLVAIN CALINON. LEITER DER ROBOTIKABTEILUNG
AM IDIAP. FORSCHUNGSINSTITUT

»Ich bin ein absoluter Fan des Alpraclettes, das am Holzfeuer
geschmolzen wird. Das Lärchenholz und der Alpkäse mit
Kartoffeln aus eigenem Anbau und eingelegten Pfifferlingen
sind für mich der absolute Höhepunkt.«

SÉBASTIEN OLESEN. LEITER DES PALP FESTIVAL

»Das Raclette ist ein Symbol für *Slow Food,* ein Geschmacks-
botschafter der Schweiz. Diesen Genuss teilt man gern in-
nerhalb der Familie, zu Hause oder unterwegs. Ich erinnere
mich noch an meinen Grossvater, der in den Bergen lebte
und mich als Kind mit ins Wallis nahm. Dort liess er den
Käse am Lärchenholzfeuer schmelzen. Das war ein unver-
gessliches Geschmackserlebnis.«

NICLAS BIDEAU. DIREKTOR VON PRÄSENZ SCHWEIZ.
BUNDESORGAN FÜR DEN AUFTRITT DER SCHWEIZ IM AUSLAND

»Heutzutage ist das Raclette ein gutes Beispiel für mich, das die Originalität der Berglandwirtschaft veranschaulicht, die sich dem soziokulturellen Kontext angepasst hat.«

MÉLANIE HUGON-DUC. KURATORIN IM *MUSÉE DE BAGNES*. ZUSTÄNDIG FÜR AUSSTELLUNG UND PUBLIKATION VON *DAS RACLETTE*

»Es ist einfach, gastfreundlich, individuell und abwechslungsreich. Jeder kann seine Beilagen selbst wählen. Der Fantasie sind fast keine Grenzen gesetzt. Wir bereiten das Raclette immer gemeinsam zu und geniessen es in Ruhe.«

LUCIA STIRNIMANN. NAPF-CHÄSI AG

»Die verschiedenen Geschmacksrichtungen ermöglichen neue Kombinationen und sorgen für Abwechslung bei einem reichhaltigen Raclette. Ein Raclette mit Pfeffer, Knoblauch oder Räucherkäse muss man unbedingt einmal probiert haben! Es gibt so viele verschiedene Varianten, die den Gaumen überraschen werden.«

FELIX SCHIBLI. GESCHÄFTSFÜHRER DER SEILER KÄSEREI AG

»Ich erinnere mich an ein Après-Konzert der Dorfblaskapelle in Begleitung einer Blaskapelle aus dem Wallis, die uns ein echtes Walliser Raclette servierte … Das war ein super Abend!«

CAROLINE QUARTENOUD. LANDWIRTIN. INITIATORIN DES PROJEKTS *FAIRE MILCH*

DANKSAGUNG

Wir möchten uns hier ganz herzlich bei den zahlreichen Personen bedanken, die – ob von weit oder nah – zu diesem Projekt beigetragen haben.

EIN GROSSES DANKESCHÖN GEHT AN:

- Das *Dream-Team* des Verlags Helvetiq!

- Pierre Crepaud und seine bessere Hälfte, Delphine Gillioz, die an dieses Abenteuer glaubten und zur Geschmacksvielfalt in diesem Buch beitrugen.

- Die Mitglieder unseres Vereins *Les Compagnons du Caquelon* für ihre Unterstützung und ihren beratenden Geschmack in Käsedingen.

- Daniela Gillioz, Gemeinderätin in Riddes und Mitglied der Kulturkommission, sowie alle Mitglieder des Gemeinderats für die Unterstützung bei diesem Projekt.

- Den Verein *Interprofession Raclette du Valais AOP (IPR)* und seinen Geschäftsführer Urs Guntern sowie den Vizepräsidenten Eddy Baillifard für ihre uneingeschränkte Unterstützung und ihr Expertenwissen über das Raclette.

- Dorian Rollin, Fotograf, und Camille Stoos, Lebensmittelstylistin, für eine Shootingwoche voller Humor und Witz.

- Unsere Familien und Freunde, selbstverständlich, die bei diesem Abenteuer über eineinhalb Jahre lang in der ersten Reihe sassen.

- Gabriel Lucas, unseren Pressesprecher in Frankreich.

- Unsere treuen Tester, die mit Leib und Seele bei zahlreichen Verkostungen dabei waren: Émilie und Vincent Lehmann, Sophie Van de Pluüt, Sandrine Muscioni, Kate Dubois, Delphine Guelfi-Delseth, Gaëlle und Fabien Abbet, Arnaud Bonvin und sein ausgezeichnetes Team, Christèle und Ricardo Surchat, Mégane Volken, Isabelle Visinand, Doriane und Christophe Burket, Maud Robadey, Priscilla Fahrni, Sonia Ducrey, Yann Fellay & Famille, Simon und Sasha Hernandez, Fabien Piment, Jonathan Fernandez, Soumya Sergent, Jean-Philippe Lana, Yves Fellay, Simon Claret und Sara Gonçalves, Olivier Gaillard und Richard Barendregt, Linda und Christophe Hützli.

- Euch, ihr Geniesser und Neugierigen, die dieses edle Werk in den Händen haltet!

Mit Unterstützung von

sowie Kitraclette und Easyraclette für den Materialverleih.

Haute Raclette
Die Kunst des Raclettes in 52 Rezepten zum Dahinschmelzen

ISBN : 978-3-907293-32-4

Texte: Jennifer und Arnaud Favre
in Zusammenarbeit mit Pierre Crepaud

www.hautefondue.ch
www.compagnonsducaquelon.ch

Gestaltung und Illustrationen: Felix Kindelán
Fotos: Dorian Rollin
Kulinarisches Design: Camille Stoos
Übersetzung: Bianka Kraus
Korrektorat: Michael Nägeli

Gedruckt in der Tschechischen Republik

© 2021 Helvetiq (RedCut Sàrl)
Côtes de Montbenon 30, CH-1003 Lausanne
Erste Auflage
Alle Rechte vorbehalten

Der Verlag HELVETIQ wird vom Bundesamt für Kultur mit
einem Strukturbeitrag für die Jahre 2021–2025 unterstützt.

www.helvetiq.com

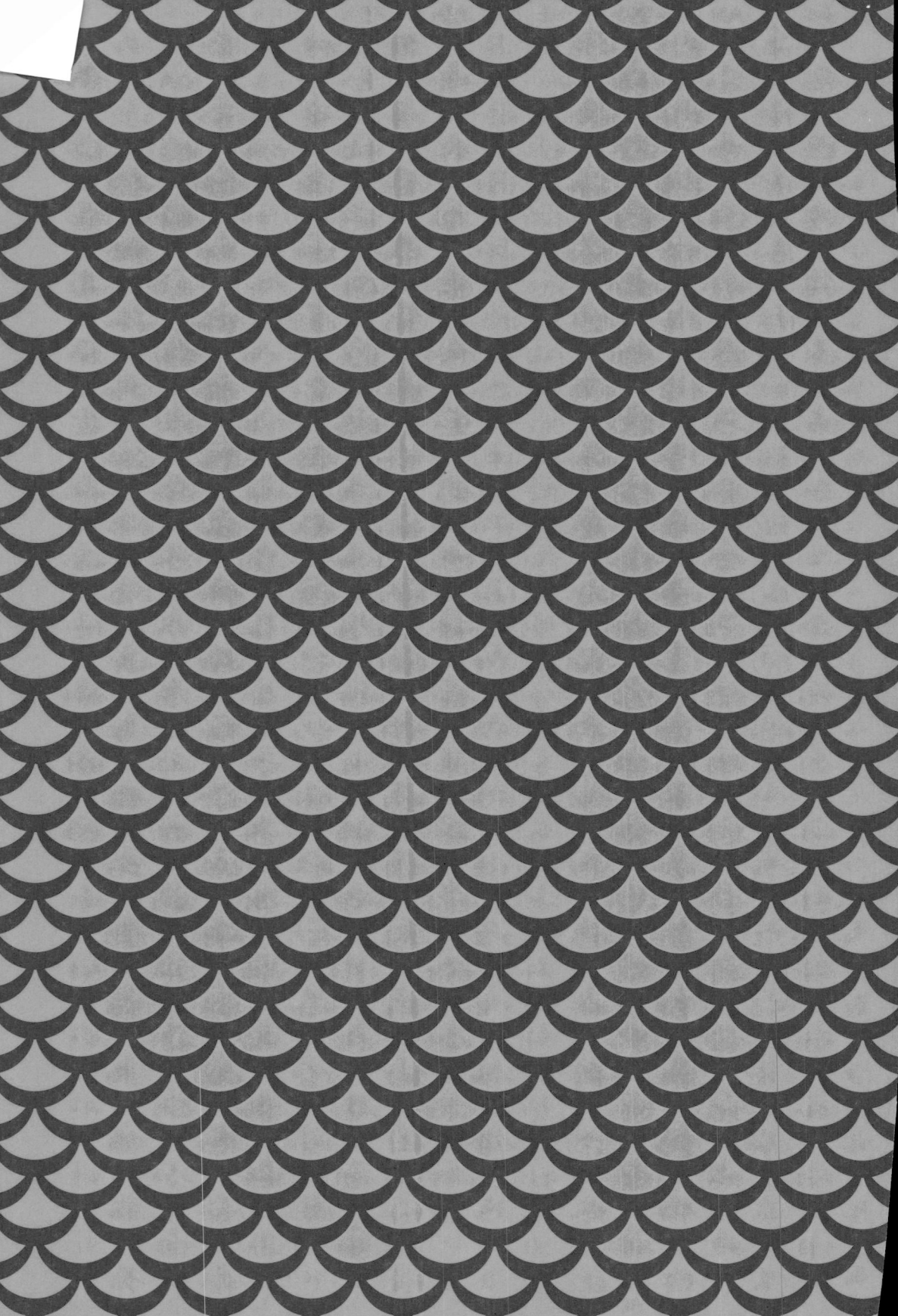